Angelika Dietrich • Louisa Marie Summer

Hofläden & Manufakturen im Fünfseenland

Besondere Menschen und Orte laden ein

J. BERG

Inhalt

Zeit zum Verweilen: Charmante Hofläden und Manufakturen stellen sich vor.

Begegnungen

Es gibt sie noch, die handgemachten Dinge. Das selbst gebackene Brot, den handgekästen Camembert, die selbst gefertigte Lampe, das handgenähte Dirndl. Ihre Macher sind meist Idealisten und Optimisten, Einzelkämpfer (oder Soloselbstständige, wie es neuerdings heißt), die gern eigene Visionen verwirklichen und denen die Qualität und die Einzigartigkeit ihrer Erzeugnisse besonders am Herzen liegen.

Ihre Produkte verkaufen sie nur ganz selten deutschland- oder gar weltweit im Internet, sondern lieber vor Ort, wo sie ihre Kunden kennen und treffen können. Hier, in ihren Läden und Werkstätten, haben wir sie besucht und uns ihre Geschichten erzählen lassen. Wir haben Familien kennengelernt, die das Erbe ihrer Vorfahren weiterführen und ihre Höfe dem Lauf der Zeit anpassen; junge Frauen, die sich erst vor Kurzem selbstständig gemacht haben; andere, die zufällig in das Unterfangen Hofladen oder Manufaktur »reingerutscht« sind. Sie alle eint die Liebe zu ihrer Arbeit, ihrem Material, ihrem Produkt.

Manufakturen sind für uns Betriebe, deren Inhaber handgemachte Alltagsgegenstände anfertigen; Einzelstücke, keine serielle Produktion. Auch die Hofladenbesitzer wollen ihre Kunden für das Selbstgemachte, das Besondere begeistern – und dabei klein, überschaubar und persönlich bleiben.

In diesem Buch möchten wir Ihnen diese Vielfalt, die wir in der Region Fünfseenland kennengelernt haben, vorstellen. Die verschiedenen Gewerke, die Hofläden, mit ihren besonderen Schwerpunkten. Ein paar Gerichte können Sie zu Hause selbst nachkochen: Alle Hofladenbesitzer und eine Genussmanufaktur verrieten uns ein Rezept, das für ihr Produkt, für ihren Laden typisch ist. Und auf der letzten Doppelseite finden Sie weitere Adressen, die einen Besuch wert sind.

Für dieses Buch haben wir uns Unterstützung geholt: Vier Texte stammen von der Journalistin Marita Wehlus (MW) und drei Fotostrecken von Angelika Röder (AR).

Kommen Sie mit, schauen Sie rein!
Ihre

Ungewöhnliche Ziele warten darauf, entdeckt zu werden. Etwa eine Straußenfarm.

Ammersee

Michael Ruoff

Der Sattler versammelt verschiedene Manufakturen unter einem Dach

Im Leben von Michael Ruoff ergab sich vieles durch Hören und Weitersagen. So hörte er davon, dass das alte Krankenhaus in Dießen bald neu zu vermieten sei. Warum dort nicht vier, fünf Gewerke und Manufakturen unter einem Dach vereinen? Zum gegenseitigen Austausch und zu günstigen Konditionen?

Als Michael Ruoff der Gemeinde Dießen, der die Immobilie gehört, sein Konzept für das Gewerkhaus vorstellte, glaubte dort niemand so recht an ein gutes Gelingen. Schließlich hatte der vorherige Mieter nach internen Streits gerade erst aufgegeben, das Künstler- und Musikerkollektiv *K7*. Doch Ruoff glaubte an seine Idee und räumte der Gemeinde ein Mitspracherecht bei der Auswahl der Mieter ein. Zudem bot er an, dass die künftigen Mieter die anstehenden Sanierungsarbeiten selbst übernehmen würden. »Wenn ich gutes Handwerk verkaufen will, kann ich die Leute ja nicht in eine Bruchbude locken, sondern muss mich entsprechend präsentieren«, sagt er. Die Gemeindeverwaltung willigte ein.

Ruoff erzählte Freunden und Bekannten von der Idee, fand schnell Mitstreiter und Interessierte, die eine günstige Werkstatt suchten. Sie liehen sich 70 000 Euro, dann wurden Wände verputzt und neu gestrichen, Böden neu verlegt, alte Dielen im Obergeschoss freigelegt. Im Herbst 2008 zogen die ersten Gewerke ein. Michael Ruoff brachte nicht nur sein Leder, seine Ahlen und Nadeln, das Nähross und den Riemenschneider mit, sondern seinen ganzen Hausstand: Er bewohnt einige Räume im ersten Stock. Mit dem Umzug kehrte er wieder zurück an den Spielplatz seiner Kindheit: Am Tiefenbach, der hinter dem Haus fließt, hatte er als Kind seine Nachmittage verbracht. Zwischendurch hatte ihn das Leben Umwege gehen lassen. Nach der Realschule machte Ruoff im Wirtshaus *Maurerhansl* in Dießen eine Kochlehre, dann zog es ihn jahrelang durch Süddeutschland und Luxemburg von einem Restaurant zum nächsten. Als Küchenchef leitete und begleitete er verschiedene Restauranteröffnungen. Solange, bis ihn die Arbeit krank werden ließ und er aus gesundheitlichen Gründen mit dem Kochen aufhören und einen neuen Beruf ergreifen musste. Mitte dreißig war er da.

GEWERKHAUS DIESSEN

Krankenhausstraße 7 • 86911 Dießen • Tel.: 08807/214119 • www.gewerkhaus.de
Öffnungszeiten Mo–Fr 8–16 Uhr, Samstag und Satteltermine nach Vereinbarung

Michael Ruoffs Tipp:

Ein Spaziergang durch den Schacky-Park. Start ist das Gewerkhaus, dann die Krankenhausstraße ein kurzes Stück weiter hinaufgehen und links in die Anton-Zech-Straße einbiegen. Dem Fußweg zum Schacky-Park folgen.

Es war schließlich das Hobby, das Ruoff zu seinem neuen Beruf brachte. In seiner Freizeit geht er gern Bogenschießen, die traditionelle Art, mit Bögen aus Eibenholz, Pfeilen im ledernen Köcher und Armschutz aus Leder. Leder, dachte er sich, das wärs. Zu wissen, wie man es bearbeitet und verarbeitet. Er wollte Taschen und Gürtel fertigen und damit sein Geld verdienen. Eine Lehrstelle fand er in München, in der *Sattlerei Benz*. Nach drei Jahren Lehrzeit machte sich Ruoff selbstständig, eröffnete mit einer Kollegin in einem Hinterhof in Geltendorf eine Werkstatt. Der erste Auftrag war ein Voltigiergurt. Und so kam es, dass Michael Ruoff nun einen guten Teil seines Geldes mit Pferden verdient, statt wie geplant nur auf Taschen und Gürtel zu setzen. Vor allem, als er dann nach Dießen zog: »Hier gibt es viele Pferde und Reiter, da hat es sich dann noch mehr Richtung Reit- und Fahrsport entwickelt.« Und es gibt nur wenige, die das Sattler-Handwerk verstehen. Das erzählte man sich weiter.

Michael Ruoff überarbeitet und repariert gebrauchte Sättel, passt neue an Pferd und Reiter an. »Ein Sattel von der Stange passt etwa in einem von tausend Fällen.« Ruoff muss die Schulterweite des Pferdes messen, die Polsterung anpassen. Eine Mitarbeiterin stopft gerade einen Sattel mit Füllwatte aus.

In einem Regal liegen bunte Stoffkissen und Stoffkeile, Zubehör für die Reittherapie, ebenfalls vom Sattler und seinen fünf Mitarbeiterinnen angefertigt. Auch dieser Geschäftszweig hat sich einfach so ergeben, als ein Therapeut fragte, ob Michael Ruoff solche Hilfsmittel anfertigen könne. Fast alle seine Kunden kamen durch Hören und Weitersagen zu ihm – auch das Deutsche Museum oder der Marstall aus München. Für diese Kunden restauriert er die Lederaufhängungen der Kutschkästen an historischen Kutschen.

Handarbeit ist nicht nur beim Restaurieren gefragt, handgenäht sind auch die Taschen und Gürtel, die im Flur in Vitrinen und Regalen liegen, helles Rotbraun, tiefes Erdbraun, Ledermappen und Umschläge für Kalender. Gelbe, blaue und orange Taschen. »Der Shopper«, Ruoffs »Verkaufsschlager«, wie er sagt. Das Rindsleder für seine Stücke bezieht der Sattler von zwei Familiengerbereien aus Deutschland: »Wir wissen, wo es herkommt und wie es verarbeitet wird. Es ist ein Stück Natur, das wir jeden Tag in der Hand haben – da wollen wir keine Chemie verarbeiten.«

Und manchmal gibt er die Natur auch wieder zurück in die Natur: Im Auftrag von Zoos und Forschungsinstituten wie dem Max-Planck-Institut fertigen Ruoff und seine Mitarbeiterinnen Tier-Halsbänder, an denen Peilsender befestigt werden. »Auf jedem Kontinent, außer Australien, läuft mindestens ein Tier mit meinem Halsband rum«, erzählt Michael Ruoff und er klingt ein bisschen stolz. Ziegen am Ätna, Wasserbüffel in Südostasien, Brillenbären in Südamerika, Geparde in Afrika. Auch diese Aufträge ergaben sich durch Empfehlung und Weitersagen.

Wenn der Sattler einen Griff für seine Therapiegurte braucht oder eine Niete aufbohren lassen muss, geht er nach gegenüber zu Alfons Bolley, dem Messerschmied. Der ist seit Beginn

Jeder Knoten, jeder Stich ist Handarbeit und erfordert das richtige Werkzeug: Michael Ruoff fertigt nicht nur Sättel und Gurte für den Reitsport oder passt Pferden neue Sättel an, sondern macht auch Tier-Halsbänder, Taschen und Gürtel.

Mieter im Gewerkhaus, genau wie der Holzbildhauer Johannes Rössle, der aus Eichen-, Linden- und Ahornholz Figuren fertigt, inspiriert von Passanten, die ihm an Bahnhöfen oder Fußgängerzonen über den Weg liefen. Im Erdgeschoss restauriert außerdem Roland Strommer Bildwerke und Kulturgut aus Stein, Holzrestaurator Stefan Muck repariert alte Möbel und die historischen Innenausstattungen von Kirchen und Klöstern.

Im Winter ist es fußkalt in den Räumen, denn darunter befindet sich ein über 300 Jahre alter Bierkeller. Diesen Bierkeller erbte die Gemeinde Dießen im Jahr 1835 mit der Bedingung, dass hier ein Krankenhaus für Arme entstehen solle. Weil das Geld knapp war, konnte erst neunzehn Jahre später mit dem Bau begonnen werden. Das erste Stockwerk wurde erst im Jahr 1876 darauf gesetzt. Nach dem Zweiten Weltkrieg stand das Gebäude immer wieder länger leer, in den 1970er- und 80er-Jahren nutzte es die Arbeiterwohlfahrt als Altenheim. Wieder stand es leer, bis im Jahr 2003 schließlich die Gruppe *K7* einzog.

Heute hat im ersten Stock nicht nur Michael Ruoff seine Wohnung, sondern dort sind auch die Ateliers der Frauen: Die Schneiderin und Designerin Jolee Martini näht hier moderne und historische Gewänder, die Polsterin Mona Reimann gibt Sofas und Stühlen einen neuen Look, die Modedesignerin Elisa Berzaghi-Freymann lagert hier ihre Stoffe. Auch die Ernährungsberaterin Ute Merkel arbeitet hier. Und dort oben im ersten Stock steht auch ein langer Tisch, an dem mittags gemeinsam gegessen wird.

Dass es einmal so viele Mieter in dem alten Krankenhaus sein würden, sagt Ruoff, habe er am Anfang nie gedacht. »Aber ich mag es, wenn Leben in der Bude ist.«

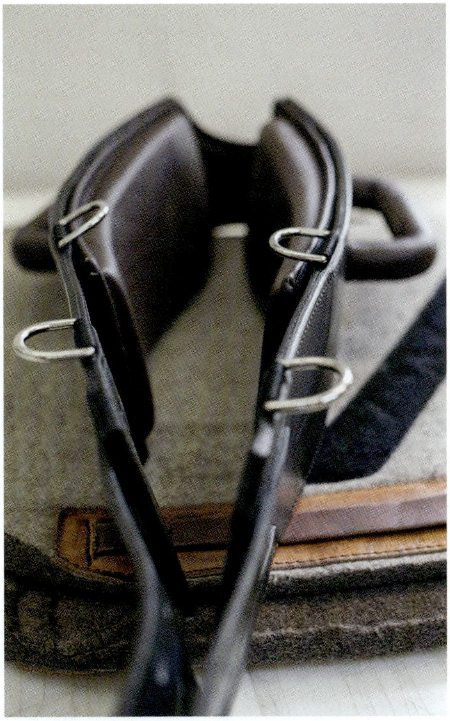

Im ehemaligen Krankenhaus hat der Sattler mehrere Gewerke unter einem Dach vereint: Hier haben ein Stein- und ein Möbelrestaurator eine Heimat gefunden, ein Messerschmied, zwei Modedesignerinnen, eine Polsterin und der Bildhauer Johannes Rössle.

Barbara Gottschalk

Die Raumausstatterin findet, das Leben muss bunt sein

In Mexiko entdeckte Barbara Gottschalk ihre Liebe zu den Farben. Die gelben, rosa, pinken, hell- und dunkelblauen Häuser dort. Die farbig gestrichenen Grabplatten auf den Friedhöfen, dazu die bunten Lichtergirlanden an Allerheiligen und Allerseelen, den *Días de los Muertos*, den Tagen der Toten. Die knalligen Stoffe. Farbenfreude überall. Die Arbeit mit Farben, beschloss Barbara Gottschalk, wollte sie zu ihrem Beruf machen.

Eigentlich wollte sie Schreinerin werden, wie ihr Vater. Eine Lehrstelle hatte man ihr bereits zugesagt. Doch der Plan scheiterte, weil es in der künftigen Werkstatt keine Toilette für Frauen gab. Ende der 70er-Jahre war das, Frauen waren selten in dieser Branche. Gottschalk begann eine Lehre zur Erzieherin, ging dann mit ihrem damaligen Lebensgefährten nach Los Angeles, jobbte dort in der Gastronomie, in einer Änderungsschneiderei, bekam zwei Kinder und leitete eine Stillgruppe. Und reiste immer wieder nach Mexiko.

1987 kehrte die Dießenerin zurück nach Deutschland und begann mit Mitte dreißig in Puchheim eine Lehre als Raumausstatterin und Polsterin. Danach arbeitete sie ein Jahr bei einem Raumausstatter in Dießen, dann machte sie sich mit ihren bunten Möbeln selbstständig. Sitz und Lehne eines Sessels sind mit einem Velours mit grünem Blattmuster bezogen, die Lehnen grün gesprenkelt. Die Beine eines Tisches rot, blau und lila gestrichen, die Platte mit Buchcovern tapeziert und versiegelt. Lampenschirme mit geblümten und gepunkteten Stoffen überzogen, mit Borten geschmückt, Perlen hängen herab. Velours, Baumwolle, Leinen, Synthetik – verarbeitet wird jedes Material. Nicht nur Gottschalks Möbel sind bunt, auch ihr Laden und ihre Werkstatt. Blaue, gelbe, lila Wände, gestreifte, geblümte, ornamentale Stoffe im Regal, an der Wand grüne Fliesen – eine Reminiszenz an den Hafner, der einst in diesem Haus Fliesen fertigte. Angst, mit der Idee zu scheitern, hatte Barbara Gottschalk nicht. »Ich mache das, was zu mir passt, nicht zu anderen«, ist ihr Motto.

Sie arbeitet Flohmarktfundstücke um, baut neue Lampen, näht Poufs, aber ein Groß-

BARBARA GOTTSCHALK
Bahnhofsstraße 2 • 86911 Dießen • Tel.: 08807/6948
www.barbara-gottschalk.de • Öffnungszeiten Mi–Fr 10–12.30 Uhr & 14.30–18.30 Uhr sowie nach Vereinbarung

Barbara Gottschalks Tipp:

Beim Bootsverleih Stumbaum in Herrsching ein buntes Boot ausleihen und nebenan bei *Mato's Fisch* eine Fischsemmel kaufen (beide: Summerstraße 22, 82211 Herrsching).

teil sind Aufträge ihrer Kunden: Sie vertrauen ihr Kanapees, Tische oder Sessel an, heruntergekommen und abgewohnt, und wünschen sich ein neues Gewand und damit ein neues Leben für ihr Möbelstück. Sie suchen einen originellen Lampenschirm, einen Vorhang, der einen Raum neu kleiden soll.

Da ist die Kundin, der Barbara Gottschalk Wohnung und Praxis mit bunten Sofas, Stühlen und Vorhängen einrichtete. Da ist die Dame aus der Schweiz, die bei einer Ausstellung des Arbeitskreises Dießener Kunst sämtliche Ausstellungsstücke von Gottschalk kaufte und fortan einmal im Jahr neue Möbel oder Accessoires orderte. Es gibt eine Kundin, deren Hausmeister regelmäßig mit dem Hänger vorfährt und vor dem Laden Möbel ablädt, mit dem Hinweis, Barbara Gottschalk wisse schon, was sie damit machen solle. »Das sind die tollsten Kunden, die sagen, ich soll einfach machen.« Im Restaurant *Schützengarten* in Dießen hängen ihre Lampen, auch die Theke hat sie gestaltet. Ein älterer Designer kauft regelmäßig bei ihr ein: »Wenn Männer Lust auf Farbe haben, sind sie nicht aufzuhalten.«

Die Polsterin liebt das Beraten, das Rauskitzeln, was wirklich zu jemandem passt: »Bei mir findet jeder etwas, was ihm steht, was er wirklich will.« Nicht, dass jemand ein bunt gemustertes Einzelstück nach Hause trägt, das ihm im Laden gefällt, aber nicht ins Zuhause passt. Am meisten Spaß macht es Barbara Gottschalk, wenn ein Raum Gestalt annimmt und das Möbelstück nicht wie ein fremdes Stück drin steht. Farbe muss in die Wohnung integriert sein, ein buntes Sofa allein macht noch kein gemütliches Wohnzimmer. Der Ton muss sich in Kissen oder der Wandfarbe wiederholen, »die Farbe muss zu schwingen anfangen, es muss eine Harmonie ergeben. In einen braunen und grünen Raum kann ich keinen gemusterten Sessel reinstellen, wenn man sonst keine Farben hat, nicht mal im Geschirr«, erklärt Gottschalk. Aber nur ein Muster auf einem ihrer Werke findet sie eintönig, es braucht »das Spiel von Zweierlei oder Dreierlei«. Bunte Fische auf der Vorderseite des Kissens, rot-weißes Karo auf der Rückseite. Blauer Samt auf dem Sitzpouf oben, schwarz-weiße Geometrie auf der Seite. Lila-grüne Blumen auf dem Lampenschirm, lila Pünktchenstoff auf der Unterseite. Manche ihrer Möbel liebt sie so, dass es ihr schwerfällt, sich von ihnen zu trennen: Ihren Herzschmerz, sagt sie, müssten sich die Kunden dann anhören.

Und wer dennoch Scheu vor einem krachenden Pink oder einem saftigen Apfelgrün hat, für den gibt es immer noch Pastelltöne oder pastellfarbene Muster. Es ist so einfach, das Leben bunt zu machen. »Ich glaube, dass Farbe ein Muss fürs Leben ist. Das trägt zur Gesundung bei«, sagt die Dießenerin. Deshalb liebt sie Länder wie Mexiko und Guatemala, in denen es farbenfrohe Stoffe zu kaufen gibt; sie liebt die Fußgängerzone in Murnau, mit ihren bunten Fassaden, die bunt bemalten Schiffe an der Herrschinger Seepromenade. Und deswegen erfüllt einem Barbara Gottschalk dann

auch nicht jeden Möbel-Wunsch: »Ich weigere mich, schwarze Sofas zu machen. Das gibt's bei mir nicht.« Streng genommen ist Schwarz ja auch keine Farbe.

Die Polsterin Barbara Gottschalk ist von Farben umgeben: In ihrer bunt gestrichenen und tapezierten Werkstatt verleiht sie alten Sesseln und Lampenschirmen ein neues Gewand. Manchmal fällt es ihr schwer, sich von den kunstvollen Möbeln zu trennen.

Birgit Meyer

Die Goldschmiedin liebt Farbe und Struktur von altem Eisen

Ihr Material fand Birgit Meyer im Urlaub am Lago Maggiore: In einem Flussbett lag ein Stück verrosteter Draht. Jahrzehntelang musste er bereits da gelegen haben, dem Wasser und den Wellen ausgesetzt. Der Rost hatte bereits die Oberfläche aufgeraut, Dellen und Furchen eingegraben. Meyer nahm den Draht mit nach Hause und formte einen Ring daraus. Dann übertrug sie die gleiche unebene, reliefartige Oberfläche auf Feingold und Feinsilber und bog daraus auch je einen Ring. Dieses Ringe-Trio war der Beginn einer neuen Leidenschaft. Seither vereint sie in ihren Schmuckstücken verrostetes Eisen und Edelmetalle. »Dieser Kontrast ist für mich eine Spannung und Symbiose zugleich.« Das Edle und das Unedle. »Wer bestimmt, was Wert hat und was nicht? Nur weil Feingold mehr kostet, hat es nicht automatisch einen höheren Wert«, findet die Goldschmiedin. Oft kommt eine Perle dazu, ein glatter, glänzender Kontrast zum dunkelbraunen Eisen. Einen Eisenreif hat Meyer mit Feinsilber ausgeschlagen, »ausgebördelt«, wie die Fachfrau sagt. Ein waldgrüner Mondstein ziert das Schmuckstück. Lockige Eisenreste hängen an silbernen Ketten oder eine Eisenspirale mit drei Perlen. In einer anderen Vitrine liegen schlichte silberne Ringe mit eingestanzten Worten oder Blumen. Silber und Gold, so viel leichter zu verarbeiten als das harte Eisen, verformbar im kalten Zustand.

Herzketten, auf denen in kleinen silbernen Plättchen genau das »Herz-Wort« eingestempelt ist, das zum Anhänger passt. *Herzblut* bei dem Herz-Anhänger mit den Teufelshörnern, *Eisenherz* bei dem rostigen Eisenstück in Herzform, *herzallerliebst* bei dem kleinen silbernen bauchigen Herzchen. Das Herz ist Birgit Meyers Logo. Denn: »Ich habe immer auf mein Herz gehört. In meiner ganzen Laufbahn und das war gut so.« Ihr Herz führte sie zu ihrem Beruf und später nach Dießen.

Als es nach dem Abitur 1986 in München an die Berufswahl ging, wusste Birgit Meyer nur, dass sie gern mit ihren Händen arbeiten

BIRGIT MEYER
Am Kirchsteig 28 • 86911 Dießen • Tel.: 08807/94 76 51
Termine nach telefonischer Vereinbarung
TIPP Birgit Meyer und ihr Mann Roland Seidl vermieten eine wunderschöne Ferienwohnung, www.bayregio.de/gastgeber/Freiraum-Wohnung.

Birgit Meyers Tipp:

Den Ammersee-Höhenweg entlangspazieren oder -radeln. Start ist in Schondorf bei der Kirche St. Anna (St.-Anna-Straße 27, 86938 Schondorf am Ammersee). Der Beschilderung Ammersee-Höhenweg A folgen.

wollte. Sie zog ein Studium der Druckereitechnik in Erwägung, ein Gartenbaustudium, eine Gärtnerlehre und belegte einen Kurs im Goldschmieden an der Volkshochschule in Vaterstetten. Da hatte sie gefunden, was sie gern machen wollte.

Sie absolvierte eine Lehre als Goldschmiedin in Kirchseeon und in München und belegte danach Gastsemester an der Goldschmiedeschule in Hanau. Statt der geplanten sechs Monate blieb sie acht Jahre dort. Sie arbeitete bei verschiedenen Goldschmieden, aber nur Reparaturen abarbeiten oder Aufträge ausführen war nicht ihres. »Ich fühlte mich ausgebremst.« Mit befreundeten Goldschmiedeschülern gründete Birgit Meyer 1994 die Werkstattgemeinschaft *Made in Hanau*, die heute zu den bekanntesten Adressen für modernen Schmuck im Rhein-Main-Gebiet gehört. Kurz vor der Jahrtausendwende zog es die Goldschmiedin wieder zurück nach Bayern. Dass ihr Weg sie nach Dießen führte, war Zufall, Schicksal oder ein Ruf des Herzens – eine Freundin zog dort aus einem Häuschen aus und Birgit Meyer samt Partner hier ein. Eine Werkstatt fand sich auch gleich.

Seit jenem Fund im Flussbett in Italien »scannt« Birgit Meyer beim Wandern und Spazierengehen die Wege und Straßenränder auf der Suche nach altgerostetem Eisen. »Egal wo ich bin, meist bringe ich irgendein Stück mit.« Teile ihrer Sammlung hat sie auf einem weißen dicken Filz in ihrer Werkstatt ausgestellt, als Inspiration. Für Kunden und sie selbst. Denn was genau aus der Locke, dem Haken, dem Plättchen mal werden soll, wird die Zeit zeigen.

Ihre eisernen Fundstücke sind naturgemäß einzigartig, aber selbst Ringe, Ohrstecker oder Ketten, die Birgit Meyer aus reinem Silber oder Gold geschmiedet und verkauft hat, könnte sie kein zweites Mal anfertigen. Denn sie fotografiert ihre Schmuckstücke nur selten, es gibt keinen Katalog, keine Muster, in denen die Kunden stöbern und aus denen sie auswählen können. »So komme ich nicht in die Verlegenheit, dass jemand sagt, ich möchte genau diese Kette.«

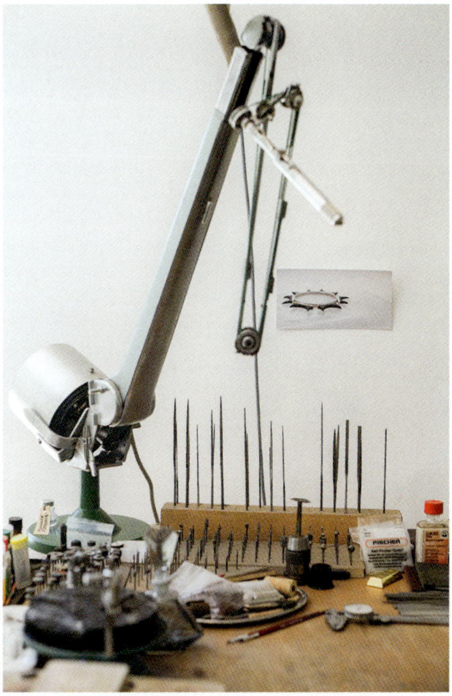

Zu spüren, was der Kunde will, ist die Herausforderung. Oft ist die Idee am Anfang noch nicht klar, unreif wie ein unbehauenes Stück Metall. »Aber wenn die Kunden den Schmuck dann abholen und vor Freude bis zu den Ohren strahlen, weil es genau das geworden ist, was sie wollten, dann bin ich glücklich und in meinem Gefühl bestätigt.« Wer will, dem bringt Meyer das Gold- und Silberschmieden auch bei, in Kursen an der Volkshochschule Landsberg und in ihrer Werkstatt, Paare können ihre Eheringe selbst schmieden. Wer will, darf auch mit Eisen arbeiten.

Jahrzehntelanges Verwittern in Wind, Regen, Schnee und Sonne geben dem Eisen sein braunes, erdiges Äußeres. Die Eisenteile säubert und bürstet Birgit Meyer, ölt sie ein wenig ein. Weiter nichts. Manchmal, wenn man einen Ring tagaus, tagein trägt, wetzt sich der Rost ein wenig ab, das blanke Eisen schimmert hervor. »Veränderung«, sagt Birgit Meyer, »passiert auch in der Natur.« Beim Eisen genauso wie beim Menschen. »Es gibt nichts, was stetiger ist als die Veränderung.«

Beim Spazierengehen im Urlaub fand Barbara Mayer ihr Material: Verrostetes Eisen, das jahrelang Wind und Wetter ausgesetzt war. Das kombiniert die Goldschmiedin mit Silber, Gold oder Perlen und stellt daraus unverwechselbare Einzelstücke her.

Straußennest Wiedemann

Barbara & Klaus Wiedemann trafen eine Entscheidung fürs Leben

Schuld an allem, wenn man so sagen mag, ist der Bürgermeister. Hätte der nicht auf einer Reise die größte Straußenfarm Deutschlands besichtigt, gäbe es das *Straußennest Wiedemann* jetzt vielleicht gar nicht. Barbara und Klaus Wiedemann waren damals, 2008, auf der Suche nach einem zweiten Standbein für ihren Hof. Es war ein schlechtes Milchjahr und beide überlegten, womit sich zusätzlich Geld erwirtschaften ließe. Ferienwohnungen vielleicht? Barbara Wiedemann beriet sich mit einer Freundin, die Appartements vermietet. Und ihre Mieter bekocht und für sie einkauft. Denn man müsse sich ja abheben von anderen, meinte die Freundin. Barbara Wiedemann sagt: »Da wäre ich ja allein damit vollbeschäftigt gewesen.« Zu den 80 Milchkühen und ebenso viel Jungvieh waren schließlich auch noch drei kleine Kinder zu versorgen.

Dann erzählte der Hofstettener Bürgermeister, ein Freund der Wiedemanns, von seinem Besuch auf der Straußenfarm und sagte: »Das wäre doch was für euch.« »Wir haben ihn dann erst mal für verrückt erklärt«, sagt Klaus Wiedemann, gibt aber zu: »Der Gedanke hat mich nicht mehr losgelassen.«

Und wie es der Zufall so will, sahen Wiedemanns kurz danach einen Fernsehbeitrag über Strauße, lasen in einer Landwirtschaftszeitung einen Artikel über die Vögel. Wiedemanns besuchten die damals größte Straußenfarm Bayerns in Leipheim bei Günzburg, gingen in einem Steakhouse Straußenfleisch essen und belegten ein Straußenhalterseminar, das die Vogelklinik der Ludwig-Maximilians-Universität München ausrichtete. Ein Großteil der Teilnehmer waren angehende Tierärzte.

Danach stellten Wiedemanns einen Bauantrag für einen Straußenstall. Eine Entscheidung fürs Leben – schließlich kann so ein Strauß 70 Jahre alt werden und 35 bis 40 Jahre lang Eier legen.

STRAUSSENNEST WIEDEMANN
Memming 4 • 86928 Hofstetten • Tel.: 08196/99 93 73
www.straussennest-wiedemann.de
Öffnungszeiten Do 14–19 Uhr und nach Vereinbarung

Im Juli 2010 zogen die ersten zehn Straußenküken ein. Aus diesen zehn Küken bildeten Wiedemanns ihre Zuchtgruppe mit den vier Hennen Aisha, Sissi, Lina und Maya und dem Hahn Django, die bis heute unverändert ist.

Dann begannen sie ihre Zucht, wobei das Wort Zucht ein wenig in die Irre führt. Wiedemanns züchten selbst keinen Nachwuchs, sie sammeln die Eier ein, bevor sie bebrütet werden können. Das Ausbrüten der Eier, erklärt Klaus Wiedemann, sei in der Natur nur mäßig erfolgreich. Denn beim Nachwuchs hat der Hahn das Sagen: Er sammelt etwa vierzig Eier zusammen, die dann ausgebrütet werden – so ein Gelege hat schnell einen Durchmesser von anderthalb Metern. Selbst wenn sich darauf ein zweieinhalb, drei Meter großer Strauß zum Brüten niederlässt, bekommen die Eier am Rand kaum Wärme ab und werden nicht konstant bebrütet. Faul sind Strauße noch dazu: Sie drehen ihre Eier nicht regelmäßig um. Die Schlupfrate einer natürlichen Brut liegt daher nur bei etwa zwanzig Prozent. Deshalb kommen etwa neunzig Prozent aller Straußenküken in Europa aus dem Brutschrank.

Bislang kaufen Wiedemanns jedes Jahr im Frühjahr dreißig Küken dazu, die Aufzucht die ersten drei Monate ist mühsam genug: den Stall sechs Wochen lang mit Gummimatten auslegen, die Matten jeden Tag waschen, desinfizieren, zweimal täglich die Futterschüsseln waschen, Fußbodenheizung kontrollieren, Heizstrahler an- oder ausschalten. Auf die Temperatur achten, die jungen Küken brauchen es dreißig Grad warm. Die kleinen Strauße die

Dreißig Straußenküken ziehen Wiedemanns jedes Frühjahr groß. Sie müssen aufpassen, dass es im Stall schön warm ist und der Nachwuchs nicht in den Regen kommt. Sonst kühlen die jungen Vögel aus – ihr Federkleid hält sie anfangs noch nicht warm.

ersten Monate bei Regen oder herannahendem Gewitter schnell in den Stall locken, denn sie dürfen auf keinen Fall nass werden, weil sie sonst auskühlen. Ihr Federkleid reicht noch nicht zum Wärmen.

Namen geben Wiedemanns diesen Tieren nicht – sonst würde ihnen das Schlachten zu schwer fallen. Nach etwa anderthalb bis drei Jahren ist ein Strauß schlachtreif, geschlachtet wird etwa alle sechs Wochen, zu Ostern und Weihnachten natürlich auch. Das Fleisch gibt es auf Vorbestellung, kurz nach der Schlachtung, denn Straußenfleisch muss nicht reifen. Am Montag wird geschlachtet, am Dienstag und Mittwoch zerlegt Barbara Wiedemann die Tiere – das hat sie in ihrer Ausbildung zur Hauswirtschafterin gelernt. Ab Donnerstag liegt das Fleisch vakuumiert im Laden. Garantiert frei von Antibiotikum. Denn es gibt keine Medikamente, die für Strauße zugelassen sind. Bekommt ein Tier doch mal ein Mittel, dann darf es nicht mehr verzehrt werden. »Wenn unsere Tiere krank sind, bekommen sie Hausmittel«, sagt Barbara Wiedemann: Arnika gegen Wunden, Joghurt, Hefe oder Sauerkraut bei Darm- und Verdauungsproblemen.

Gefährlicher als Rinder oder andere Tiere seien Strauße nicht, sagt Klaus Wiedemann,

B. & K. Wiedemanns Tipp:

Wanderung nach Oberbeuern bis zum Hofcafé Villa Möstl (Oberbeuern 5, 86911 Dießen am Ammersee). An den Grünsink-Alpakas vorbei bis zur Ecke Seedorfstraße/Ostend, dort nach rechts in den betonierten Feldweg einbiegen, Richtung Windachspeicher. Dann Richtung Obermühlhausen und über den Beurerbach nach Unterbeuern. Da in den betonierten Feldweg nach Oberbeuern einbiegen.

der gelernter Landwirt ist. »Es sind Lebewesen, die man mit Verstand und Achtung behandeln muss.« Mal eben schnell auf die Weide gehen, um die Eier einzusammeln, ist nicht ratsam. Klaus Wiedemann hat aus zwei langen Teleskopstangen eine Art Rechen gebastelt, mit denen die Familie die etwa anderthalb Kilo schweren Eier aus dem Gehege fischt. Etwa alle drei, vier Tage legt eine Straußenhenne ein Ei. Die Hälfte der Eier wird im Hofladen verkauft. An Leute, die ein ausgefallenes Geschenk suchen genauso wie an Allergiker, die kein Hühnereiweiß vertragen. Wie die Kundin, die regelmäßig ein Straußenei kauft, es aufschlägt, die Eimasse in kleine Portionen teilt und einfriert. Ein Straußenei, das ist so viel wie 20 bis 25 Hühnereier.

Die andere Hälfte der Eier wird weiterverarbeitet. Zu Eierlikör und vom *Schererhof* in Schmiechen zu Straußenei-Nudeln. Die leeren Eierschalen verkaufen Wiedemanns in ihrem Hofladen als Dekoartikel, es gibt Straußeneier-Lampen und -Teelichtschalen. Das Leder ihrer Vögel schicken sie zu einer Gerberei in Sachsen-Anhalt, die es per Hand gerbt und daraus Taschen, Geldbeutel, Schlüsselanhänger und Gürtel herstellen lässt. Auch die gibt es im Hofladen zu kaufen. »Wir wollen den Strauß ja im Ganzen verwerten«, sagt Barbara Wiedemann.

Wie ein Strauß schmeckt, hängt davon ab, was er zu fressen bekommt. Gibt man ihm das zu fressen, was auch Kühe futtern, nämlich Gras, Mais, Heu und Stroh, schmeckt das Steak wie vom Rind. Füttert man Strauße mit zugekauftem energiehaltigem Futter, schmecken sie eher wie Wild. Um zu testen, was bei Kunden besser ankommt, kaufte Barbara Wiedemann Steaks von verschieden gefütterten Straußen, briet sie und lud Freunde zum Blindverkosten ein. Das Votum fiel einstimmig aus: Der Geschmack nach Rind war eindeutig besser. Der Bürgermeister war übrigens auch dabei.

In ihrem Hofladen verkaufen Wiedemanns nicht nur Fleisch, Würste und Eier ihrer Tiere. Sondern auch Straußeneier-Lampen, Geldbeutel aus dem Leder der Tiere und Staubwedel aus den Federn. So kann alles verwertet werden, nichts wird weggeworfen.

Überbackenes Straußenfilet

So essen Wiedemanns Straußenfilet am liebsten. Das Rezept ist eigentlich für Rinderfilet – eine Auszubildende in Hauswirtschaft brachte es einmal mit, als Barbara Wiedemann noch Azubis hatte. Barbara Wiedemann hat das Rezept etwas abgewandelt und einfach mit Straußenfleisch ausprobiert.

Zutaten für 4–5 Portionen

1 kg Straußenfilet
1 EL mittelscharfer Senf
250 g Speckwürfel
1 große Zwiebel
500 g frische Champignons
Salz, Pfeffer und Petersilie
½ Becher Schmand
100 g geriebener Emmentaler

Zubereitung

Das Filet in etwa 2 cm starke Scheiben schneiden, mit Pfeffer würzen und mit dem Senf einpinseln. Die Filetscheiben kurz von beiden Seiten in etwas Öl in der Pfanne anbraten und nebeneinander in eine Auflaufform legen.

In einer Pfanne die Speckwürfel ein wenig auslassen, die Zwiebel würfeln und dazugeben. Alles kurz anbraten. Champignons in Scheiben schneiden und dazugeben. Die Mischung auf niedriger Stufe etwas weiterbraten, mit Salz, Pfeffer und klein gehackter Petersilie würzen. Dann den Schmand unterrühren.

Jetzt auf jede Filetscheibe einen guten Esslöffel von dieser Masse geben und zum Schluss etwas geriebenen Emmentaler darüberstreuen.

Das Ganze bei 200 °C etwa zehn Minuten überbacken. Das Fleisch darf innen noch leicht rosa sein.

Wichtig: Straußenfleisch immer gegen die Fasern schneiden!
Bei kleinen oder dünnen Fleischteilen ist es manchmal ratsam, das Fleisch in Schmetterlings-Scheiben zu schneiden: Das heißt, der erste Schnitt wird nicht ganz durchgeschnitten, der zweite schon. Dann die Fleischteile auseinanderklappen, so werden es größere Scheiben.

Astrid Schröder

Die Töpferin schafft durchscheinendes Geschirr

Es ist, als wäre die Zeit stehen geblieben. Klein duckt sich das eingewachsene Haus neben die Straße, direkt an die Wohnräume grenzt die Werkstatt, Eimer mit geheimnisvollen Aufschriften wie *Feldspat*, *Kaolin* oder *Bentonit* stapeln sich in den Regalen – Rohstoffe für Glasuren. Ein vergessenes Hexenhäuschen mitten im Heute. Astrid Schröder drückt es so aus: »Ich führe eine kleine anachronistische Randexistenz, ein bisschen aus der Zeit gefallen.«

Teeschalen und Teller, Vasen und Krüge aus hauchdünnem Porzellan dreht die Keramikerin in ihrer Werkstatt, brennt sie in einem Gasofen und überzieht sie dann mit einer Seladon-Glasur, die sie selbst anrührt: aus Quarz, Asche, Feldspat, etwas Kreide und Wasser. Die Formel dafür hat sie selbst entwickelt, zusammen mit ihrer Freundin und Kollegin Regine Hohmann aus Schondorf. Kennengelernt und für sich entdeckt hat Schröder diese Glasur, die vor über tausend Jahren in China entwickelt wurde, im Jahr 1976 auf einer Reise durch Frankreich. Diese Entdeckung kam, wie so manches in ihrem Leben, zum richtigen Zeitpunkt.

Die erste entscheidende Entdeckung war jener Moment, als ihr eine Nachbarin erzählte, dass die Tochter einer Freundin jetzt Töpferin werde. »Ich hatte bis dahin noch nie von diesem Berufszweig gehört«, sagt Astrid Schröder. Und über Nacht beschloss sie, das Gymnasium abzubrechen und auch Töpferin zu werden. Es fühlte sich richtig an: »Ich konnte künstlerisch tätig sein, ohne den Anspruch haben zu müssen, dass ich Kunst mache. Sondern ich konnte etwas Angewandtes machen.« Zudem kam das Töpfern Astrid Schröders Charakter entgegen: »Ich hätte mir auch vorstellen können Goldschmiedin zu werden oder Schneiderin, weil ich Textilien und Stoffe liebe!« Aber in beiden Berufen hätte sie nie so frei arbeiten können wie als Töpferin: »Das sind Gewerke, wo man vorher ein Konzept haben und dann die Idee genau nacharbeiten muss. Man muss das einmal Erdachte ins Leben rufen.« Als Töpferin kann sie sehr viel während der Arbeit entscheiden. Ob die Vase einen eckigen oder runden Fuß bekommt. Ob sie oval wird oder rund. Ob sie ein Muster hineinstempelt oder eines mit Wachs oder Schellack aufmalt. »Ich habe keine

ASTRID SCHRÖDER

Mühlstraße 11 • 86923 Finning • Tel.: 08806/318 • www.seladon.de

Öffnungszeiten: Spontanbesucher sind willkommen oder nach Vereinbarung

Lust, dreißigmal das Gleiche zu machen. Schon beim zweiten Mal verändere ich das Stück. Ich liebe es, in Variationen zu arbeiten.«

Gelernt hat Astrid Schröder ihr Handwerk an der Keramikschule in Landshut, dann arbeitete sie ein Jahr lang in verschiedenen Werkstätten in Bayern, bis sie sich mit ihrem damaligen Lebenspartner, dem Maler Andreas Kloker, in Schondorf ein Haus baute. Gemeinsam stellten sie Kacheln für Kachelöfen her, Astrid Schröder drehte zudem Geschirr. Aus Steinzeug zunächst.

Das Porzellan entdeckte sie ebenfalls auf jener Frankreichreise: bei einem Besuch in Limoges, das seit 1771 für die Herstellung von Porzellan bekannt ist. »Ich bin Teetrinkerin und habe es schon immer geliebt, aus dünnwandigen Gefäßen Tee zu trinken.« Weichporzellan lässt sich viel feiner verarbeiten als Steinzeug – ist aber etwas zickiger. »Man sagt, Porzellan hat ein Gedächtnis. Eine falsche Bewegung und ich kriege die nicht mehr zurück.« Ton dagegen lässt sich leichter wieder zurück in Form bringen.

Die Zartheit und die Transparenz des Porzellans plus das grüne Leuchten des Seladons, das war die Kombination, die Astrid Schröder künftig nutzen wollte. Eleganz und Brillanz. Eine Seladon-Glasur lässt Porzellan leuchten und fast durchscheinend wirken. »Luzid«, wie Astrid Schröder gern sagt.

Die richtige Formel für die Glasur ist aber nur ein Schritt zum Erfolg. Fast noch wichtiger ist das richtige Brennen. Das geht nur im Gas- oder Holzofen, denn um Seladon-Glasuren zu brennen, braucht es eine offene Flamme. Ihren Sauerstoff darf sich die Flamme nicht aus der Luft holen, sondern aus der Glasur: Aus dem

Porzellan zu verarbeiten ist schwieriger als Ton, sagt Astrid Schröder. Eine falsche Bewegung und sie kann den Fehler nicht mehr ausmerzen. Trotzdem liebt die Töpferin das Material: weil es so zart und transparent ist. »Luzid«, sagt Schröder.

Eisenoxid, das in der Asche enthalten ist. Nur durch diesen Sauerstoffentzug verwandelt sich die Glasur in ein pastelliges Grünblau. Ein Elektroofen entzieht keinen Sauerstoff – in ihm würde die Teeschale cognacbraun statt zartgrün. Zudem ist Feingefühl gefragt: »Wann fange ich an, die Luftzufuhr zu verändern und den Sauerstoff wegzunehmen? Bei welcher Temperatur brenne ich?«

Jede Schale, jedes Gefäß wird zweimal gebrannt: zunächst bei 900 Grad, dem sogenannten Schrühbrand, der dem Porzellan das Wasser entzieht. Dann wird glasiert – eine Konsistenz zwischen Milch und Sahne hat Schröders Seladon-Glasur. Jetzt folgt der Glattbrand, bei 1280 Grad.

Jedes Jahr im Mai zeigt die Keramikerin ihr filigranes Geschirr auf dem Dießener Töpfermarkt: »Das ist der Dreh- und Angelpunkt meiner Existenz.« Und jeden Herbst organisiert sie eine Werkstattausstellung: Im gläsernen Ausstellungs-Pavillon hinten im Garten erstrahlt dann eine Sinfonie aus Glas und Licht. Durchschimmernd und fragil reihen sich die Werke auf den Glasregalen. Den Pavillon fertigte der Bruder ihres damaligen Lebensgefährten, der Schreiner und Bühnenbildner Erwin Kloker: aus Dutzenden alten Fenstern des Münchner Luisengymnasiums – gebaut als Caféhaus für den Dießener Weihnachtsmarkt. Nach dem Markt zog das Glasgebilde in Schröders Garten um, auf einem Traktoranhänger und wegen der Überbreite unter Polizeischutz. Wieder mal eine Entdeckung zum richtigen Zeitpunkt.

Astrid Schröders Tipp:

Die Performance *Elementar Zeichnungen – vor Ostern* von Andreas Kloker. Die Besucher erleben einen Veränderungsprozess: Durch Wasser entstehen auf einer Tafel Bilder, die sich durch Wärme und Luft verändern. www.andreaskloker.de

Ziegenbande

Franziska Eigner mag den Charakter ihrer Ziegen

Wenn Franziska Eigner von ihren Ziegen erzählt, dann spricht sie gern von ihren Jungs und ihren Mädels. Den Mädels, denen sie Namen gibt, wenn sie das erste Mal »gekitzt« haben, also Nachwuchs bekommen haben. Den Jungs, zu denen sie kein so enges Verhältnis aufbauen mag, weil die leider meist ein kurzes Leben bei ihr haben. Die Nutztierwelt braucht die männlichen Nachkommen nur zum Züchten. Sobald es November wird und die Kitze von der Weide in den Stall umziehen müssen, geht es für die Jungs zum Schlachter nach St. Ottilien. »Natürlich ist mir lieber ein Bock wird von einem Züchter gekauft als vom Metzger«, sagt Franziska Eigner. Ob ein Bock zum Züchten taugt, entscheidet der Zuchtleiter. Er bewertet die Zuchttauglichkeit oder »kört«, wie die Fachleute sagen: Der Rahmen muss passen, das Tier darf nicht x-beinig laufen, darf keinen Über- oder Unterbiss haben, auch die Bemuskelung wird beurteilt. Nur Tiere, die mit Wertklasse I oder II bewertet werden, bekommen Zuchtpapiere. Bei den Muttertieren ist das Aussehen für die Zucht genauso wichtig wie bei den Böcken, zusätzlich müssen sie eine bestimmte Menge Milch geben und ein makelloses Euter haben. Das darf nur zwei Zitzen haben, (oder »Striche« in der Ziegenzüchterfachsprache), keine Nebenstriche, also keine kleine zusätzliche Zitze, was bei Ziegen schon gerne mal vorkommt.

Auf die Ziegen kam Franziska Eigner mehr durch Zufall. Für ihren Studienwunsch ökologische Landwirtschaft war ein Betriebspraktikum oder ein Freiwilliges Ökologisches Jahr Voraussetzung. Sie entschied sich für das FÖJ und absolvierte das auf dem *Biolandhof Kreppold* in Wilpersberg bei Augsburg. Drei Schafe lebten dort, doch dann starben zwei. Klar, dass das verbliebene Schaf wieder Gesellschaft brauchte. Franziska Eigner hatte Kontakt zu einem Ziegenhalter, der Ziegen abzugeben hatte. So kam es, dass auf den Hof zwei Ziegen einzogen und Franziska Eigner den Charakter dieser Tiere kennen und schätzen lernte. Warum also nicht selbst Ziegen halten? Schließ-

ZIEGENBANDE

Ziegenstall: Hechelleite 5 • 86919 Utting • Tel.: 08806/959 19 40
Mobil: 0151/20 77 48 28 • www.ziegenbande.de
Öffnungszeiten für Ziegenmilch: Mo–So 18–19.30 Uhr (Flasche mitbringen)
Wochenmarkt Utting (Mühlbachstraße 5, 86919 Utting): Sa 9–12.30 Uhr

Franziska Eigners Tipp:

Ein Ausflug zum Bauernhofmuseum Jexhof (82296 Schöngeising). Dort ging Franziska Eigner schon als Kind gerne hin. Jeden Herbst gibt es dort einen Käsemarkt: Man kann Käse probieren und kaufen (auch den von Franziska Eigner), beim Buttern und Brotbacken zuschauen.

lich wollte sie nach dem Studium Nutztiere halten, die Milch geben.

Kurz vor Ende ihres Studiums 2014 kaufte sie die ersten fünf Thüringer Wald Ziegen. »Ich wollte eine alte Rasse, nicht das, was jeder hat.« Die Thüringer Wald Ziege steht auf der Roten Liste der Gesellschaft zur Erhaltung alter und gefährdeter Haustierrassen, sie ist vom Aussterben bedroht und die letzte deutsche Ziegenrasse. »Im Zeichen der Artenvielfalt muss man schauen, dass man sie erhält«, sagt Franziska Eigner.

Als Hobby hält und züchtet Eigner noch ein paar Pfauenziegen, eine alte Schweizer Rasse aus Graubünden. Weil die so schön aussehen, mit ihrem langen weiß-schwarzen Fell, und weil sie so robust sind. Sie verschwinden nicht gleich beim ersten Regentropfen im Unterstand wie die Thüringer Artgenossen.

Die Herde der Thüringer Wald Ziege hat sich rasch vergrößert, ein Muttertier, erzählt Eigner, bekommt in der Regel Zwillinge, oft Drillinge. »Da potenziert sich die Herde relativ fix.« Etwa 140 von den hellgraubraunen Ziegen mit dem kurzen Fell hat sie derzeit, davon 32 Milchziegen, die zweimal am Tag gemolken werden.

Die sechzig Liter Milch verarbeitet Franziska Eigner zu Käse. Im elterlichen Wohnhaus in Holzhausen am Ammersee haben Eigners 2019 eine Käserei eingerichtet, in der ehemaligen Werkstatt des Vaters. Vater und Tochter besuchten einen Hofkäsereilehrgang und stellen jetzt jede Woche fünf Kilo Quark her, Dutzende Feta, Mozzarellakugeln und Camembert, verschiedene Sorten Frischkäse. Käse, der nicht lange reifen muss, denn für Käse mit langem Reifeprozess fehlt der Platz. Gekäst wird abends und am Wochenende, nach Eigners Teilzeitjob im Biomarkt *La Vida* in Utting. Sonntags steht der Camembert auf dem Wochenplan, der dauert am längsten. Sind Schimmelkulturen und Lab in die Milch gegeben, muss eine Stunde lang alle fünf Minuten umgerührt werden. Dann wird die Masse geschnitten. »Je härter der Käse werden soll, desto kleiner muss der Bruch sein«, erklärt Franziska Eigner. Mozzarella, Topfen und Frischkäse sind unkomplizierter, wichtig ist, dass sie über Nacht Zeit zum Austropfen haben.

Der Vater, von Beruf Bauleiter, ist ins Käsen so mit »reingerutscht«. Jetzt kann er nebenbei machen, womit er in früheren Jahren schon mal geliebäugelt hatte, als er überlegte, Land- oder Gastwirt zu werden. Am Samstag fahren Vater und Tochter zum Uttinger Wochenmarkt, auch da ist er mit reingerutscht. Den Wagen mit Käse- und Wurstwaren übernahm Franziska Eigner 2016, damals gerade 28 Jahre alt, von einer Direktvermarkter-Kollegin, die kürzertreten wollte. Franziska Eigner verkauft dort den Käse der *Dorfkäserei Geifertshofen*, Wurst von der Biometzgerei *Tagwerk* und jetzt auch den eigenen Käse. Das Ziegenfleisch gibt es nur auf Vorbestellung, einmal im Jahr, als Paket einer ganzen oder einer halben Ziege. Etwa zehn bis zwölf Kilo Fleisch gibt eine ganze Jungziege her, Koteletts, Schulter und Schlegel. Zu Salami werden auch ein paar von Eigners Jungs. So ist das eben beim Nutztier.

In der Zucht setzt Franziska Eigner auf die Thüringer Wald Ziege: eine Rasse, die vom Aussterben bedroht ist. Aus der Milch ihrer Herde stellt sie jede Woche Quark und verschiedene Sorten Käse her, die sie auf dem Wochenmarkt Utting verkauft.

Zazigie

Das Familienrezept für Tzatziki hat Franziska Eigner abgewandelt und verwendet dafür Ziegenquark. Der Name fiel ihr spontan ein.

Zutaten

1 Gurke
Salz
1 kg Ziegenquark
2 Knoblauchzehen
Pfeffer
Bio-Tzatziki-Dip der Firma *Gewürze der Welt*

Zubereitung

Gurke schälen und auf einem Gemüsehobel raspeln. Salzen und etwa eine halbe Stunde ziehen lassen. Dazu die Gurkenraspel am besten in ein Sieb geben und über eine Schüssel hängen, sodass das Gurkenwasser gleich ablaufen kann. Danach die Gurkenraspel in einem Küchentuch leicht auspressen und zum Quark geben.

Die Knoblauchzehen pressen und untermischen. Nach Geschmack mit Salz, Pfeffer und dem Bio-Tzatziki-Dip würzen.

Ammersee
BIO EIER
bauernkind
Ammersee

Ammersee Bio Eier

Familie Ernst setzt auf viele Standbeine: Eines davon sind Eier

Wer die Straße zwischen Schondorf und Utting entlangfährt, der kann sie gar nicht übersehen: die langen, dunkelgrünen Lastwagenanhänger mit der Aufschrift *Hühnermobil* und *Hühnerexpress*. Sie stehen auf den Weiden, drumherum scharren, laufen und picken Hunderte weiße Hühner, grasen schwarz-bunte Rinder und ein paar Ziegen. Und im Hintergrund der Ammersee. Ein Idyll wie aus der Werbung.

Und dabei hat Uli Ernst im ersten Moment, als die Idee der mobilen Hühnerfarm aufkam, gesagt: »Nein, nicht noch was!« Aber im gleichen Moment begann die Idee in seinem Kopf Gestalt anzunehmen. Denn er gibt zu: »Wenn wir es nicht machen, macht es jemand anderes. Und wir wollen die Ersten sein.« Der studierte Landwirt kaufte einen ausrangierten Kühllaster, sein Mitarbeiter Lukas Hedeler, ein Agraringenieur, kümmerte sich um den Innenausbau. Baute links die Schlafstangen für 300 Hühner, rechts die Legenester (abgedunkelt hinter roten Vorhängen). Die weichen Nestböden aus Gummi klappen abends per Zeitschaltuhr hoch, sodass die Hühner nicht in den Legeplätzen übernachten und sie vollkacken. Lukas Hedeler montierte den Futtertank und die Futterplätze, an denen die Hühner zusätzlich zum Grünfutter mit einer Mischung aus selbst angebautem Mais, Getreide und Muschelkalk versorgt werden, er brachte die Tränke an und das Förderband für die Eier. Ein 16,5 Meter langes Wohnmobil für Hühner. Im Februar 2018 zogen die ersten 300 Tiere der Rasse Sandy ein. Perlfarben und zahlreich sind die Eier, die sie legen, neugierig ihr Charakter. »Für eine normale Hühnerhaltung nur bedingt geeignet, aber für einen mobilen Hühnerstall ideal«, erzählt Uli Ernst: »Die Sandys müssen dauernd beschäftigt werden. Wenn sie sich langweilen, picken sie die Eier an oder sich gegenseitig.« Aber langweilig wird den Uttinger Hühnern nicht. Sie können sich auf über drei Hektar bewegen, das ist weit mehr als die vier Quadratmeter, die laut Naturland-Standards pro Huhn vorgesehen sind. Ihr Mist düngt die Weide und wenn nach einer Woche das Gras abgefressen

AMMERSEE BIO EIER

Corinne & Uli Ernst • Schondorfer Straße 22 • 86919 Utting
Tel.: 08192/934683 • www.bioeier-ammersee.de • Öffnungszeiten: Automat rund um die Uhr, Rindfleischpakete und Suppenhuhn nach Vereinbarung

Uli Ernsts Tipp:

Am See entlang zu den Überresten der Villa Rustica in Schondorf (Uferweg, beim Gemeindesteg). Und am See entlang wieder zurück bis zum Biergarten *Alte Villa* in Utting, Seestraße 32.

ist, ziehen die mobilen Hühnerställe ein Stück weiter.

Seit vierzehn Generationen sind die Ernsts Fischer und Landwirte, die Familiengeschichte geht zurück bis 1625. Damit alles so blieb, wie es war, musste sich vieles ändern. Als Uli Ernst im Jahr 1994 nach landwirtschaftlicher Ausbildung und Studium an der Fachakademie für Landwirtschaft in den Hof miteinstieg, erkannte er, dass er mit Milchwirtschaft allein nicht funktionierte. Andere Konzepte mussten her. »Wir mussten uns neu erfinden.«

Auf einer Reise durch die Niederlande sahen Uli Ernst und seine Frau Corinne Mais-Labyrinthe, »ganz geometrisch und mit breiten Wegen«, wie Corinne Ernst sagt. Solche Labyrinthe wollten sie auch an den Ammersee bringen. Aber verschlungener, ornamentaler, geheimnisvoller, mit schmalen Wegen. Außerdem sollte man nicht nur den richtigen Weg durch den Irrgarten finden, sondern auch Rätsel lösen und kleine Aufträge erfüllen. Sie pachteten ein Grundstück, wählten hohe, gerade wachsende Pflanzen aus. Damit es abwechslungsreicher ist, neben Mais auch Hanf und Sonnenblumen.

Und damit die Labyrinth-Besucher nicht in Versuchung kamen, die Sonnenblumen zu pflücken, pflanzten Ernsts neben dem Labyrinth gleich noch Sonnenblumen zum Selberschneiden. Das erste von heute dreizehn Feldern rund um den Ammersee. Von April bis etwa Oktober kann man Narzissen und Tulpen, Pfingstrosen, Gladiolen, Sonnenblumen und Dahlien schneiden und kaufen.

Und auch das Labyrinth wuchs mit den Jahren. Zwar nicht in die Breite, sondern was die Herausforderungen betrifft. Bereits auf der Weihnachtsfeier für die Mitarbeiter werden erste Ideen für das nächste Jahr gesammelt. Die Wegstrecke ergibt stets ein Motiv, das nur aus der Luft zu erkennen ist und das inzwischen angehende Vermessungsingenieure der Hochschule für Angewandte Wissenschaften München abstecken: die Weltkarte, Albert Einsteins Porträt, Planeten, ein Piratenschiff, Martin Luthers Porträt oder jüngst Ludwig van Beethovens. Dann sammeln, recherchieren und planen Corinne und Uli Ernst die Aufgaben, die Stationen, die Storys rund um das Labyrinth. Sie reisten nach Wittenberg, um Luther näher zu kommen, sie informierten sich im Deutschen Museum über Albert Einstein.

Zeitgleich zu den zwei Standbeinen Labyrinth und Blumenfelder setzte Uli Ernst auf ein drittes Standbein: seine Tätigkeit als Dozent. Er unterrichtet Landwirte im Unternehmertum, nicht nur in Deutschland, sondern auch zwei- bis dreimal im Jahr in Afrika: Äthiopien und Sierra Leone vor allem. Geprägt hat ihn sein Mentor und Dozent an der Andreas-Hermes-Akademie (AHA) in Bonn, Gerd Lohmüller. Dieser pflegte zu sagen: »Neue Produkte sind Lösungen für Probleme.«

Das nahm sich Uli Ernst zu Herzen: Schließlich probiert er gern Neues – wenn er überzeugt ist, dass es klappt. So kam 2008 Standbein Nummer vier dazu: der Hochseilgarten Ammersee (passionierte Turner sind Ernsts nämlich auch – das Paar hat sich im Landesleistungszentrum der Kunstturner kennengelernt).

Und mit dem Produkt »Hühner« kam Standbein Nummer fünf dazu: die Direktvermarktung am Hof. Nicht nur Eier liegen in dem Automaten, seit Kurzem gibt es auch kalt gepresstes Bio-Sonnenblumenöl und -Hanföl von den eigenen Feldern. »Unser Geld verdienen wir mit Kreativität. Wir haben wenig Eigentum und können daher nicht gut mit der Masse und

Frisch aus den Legenestern kommen die perlfarbenen Eier. Die mobile Hühnerfarm für 300 Tiere misst sechzehneinhalb Meter und war einst ein Kühllaster.

dem Wettbewerb mithalten. Aber wir können gut Nische«, sagt Uli Ernst.

Genug Nischen gefunden, könnte man meinen. Doch Uli Ernst tüftelt bereits an der nächsten Idee: Wein. Eine der Wiesen, die Ernsts bewirtschaften, heißt »Weingarten«. Heute weiß man, dass irgendwo einmal eine alte römische Villa stand, die Fundamente des Badehauses sind am südlichen Uferweg in Schondorf zu sehen. Ernst kombinierte: Römer plus Weingarten: Hier musste einst Wein angebaut worden sein. Er sicherte sich nach zähen Verhandlungen im Jahr 2018 ein Weinanbaurecht, das erste in Oberbayern. Jetzt gedeiht auf zwei Hügeln in der Nähe der mobilen Hühnerställe eine robuste Weinrebe, Sorte Sauvignac. So schließt sich ein Kreis.

So wie fast alles auf dem Hof ein ewiger Kreislauf ist: der Hanf, die Sonnenblumen, der Mais. Sie werden am Ende der Saison geschreddert, kompostiert oder zu Futter für die Kälber. Der Sonnenblumenkuchen, der nach dem Ölpressen übrig bleibt, wird Hühnerfutter. Die Rinder werden aufgezogen und, wenn sie trächtig sind, an Milchbauern in der Umgebung verkauft. Das ein oder andere Rind ziehen Ernsts selbst bis zur Schlachtreife, Fleischpakete kann man am Hof bestellen und nach der Schlachtung dort kaufen. Auch die Hühner sind dem Kreislauf aus Legen und Sterben unterworfen: Bis zwei Jahre, sagt Uli Ernst, legen seine Sandys ihre perlfarbenen Eier – und damit bis zu doppelt so lang wie ein normales Legehuhn. Wenn sie ausgedient haben, werden auch sie am Hof verkauft. Als Suppenhuhn.

Jeden Abend verpacken die Ernsts und ihre Mitarbeiter die Eier in blaue Kartons und stellen sie in den Eierautomaten. Dann ziehen sie die grüne Flagge am Häuschen mit dem Eierautomaten hoch. Wenn die rote Fahne weht, heißt es: ausverkauft. Bitte morgen wiederkommen.

Die Ziegen inmitten der Hühnerschar sollen Habichte von den Hühnern fernhalten. Neben den Eiern, die man rund um die Uhr am Automaten im Eierhäuschen kaufen kann, setzt Uli Ernst auf mehrere Standbeine. Eines davon: Blumen zum Selberschneiden.

Eggs Benedict auf Rucola

Corinne Ernst braucht zum Frühstück immer etwas Süßes, egal zu welcher Uhrzeit. Bei Uli Ernst ist das anders: Wenn er nach neun Uhr frühstückt, braucht er etwas Herzhaftes. Und da ein Frühstück nach neun Uhr bei ihm äußerst selten vorkommt, war er am Tag davor meist auf einer richtig langen Party. In diesem Fall sind Eggs Benedict auf Rucola das perfekte Katerfrühstück! Übrigens sollen Eggs Benedict auch das Lieblingsfrühstück der Queen sein.

Zutaten

2 EL Essig
2 Eier
6 Scheiben Räucherschinken oder Speck
2 halbe Semmeln, Brötchen oder fertige Toasties (Uli Ernst bevorzugt dunkle Semmeln mit Walnuss)
2 EL Sauce Hollandaise (selbst gemacht schmeckt natürlich am besten, aber bei nur zwei Esslöffeln geht auch die praktische Fertig-Lösung)
eine Handvoll Rucola
etwas Butter
1 Prise Salz und Pfeffer
1 EL klein gehackte frische Gartenkräuter

Zubereitung

Die Eier pouchieren: Dazu Wasser in einem kleinen Topf zum Kochen bringen, den Essig hineingeben und das Ganze etwas abkühlen lassen, bis das Wasser simmert. Jetzt die Eier zur Vorsicht erst einmal in eine Schüssel schlagen, damit die Dotter heil bleiben. Das heiße Essigwasser im Kreis rühren, bis sich ein Strudel bildet. In den Strudel die beiden Eier geben. Durch den Essig und die hohe Wassertemperatur stockt das Eiweiß sofort und umhüllt idealerweise den gesamten Dotter. Die Eier drei bis vier Minuten im heißen Wasser lassen, je nach Größe der Eier und je nachdem, wie weich die Eier sein sollen.

Die Eier nach dem Pouchieren aus dem Wasser fischen und auf einem Handtuch oder Küchenpapier abtropfen lassen.

Den Speck in der Pfanne oder im Backofen auslassen, bis er kross ist.

Die Semmelböden toasten und die Sauce Hollandaise erwärmen. Rucolablätter waschen und abtropfen lassen.

Die getoasteten Semmelböden mit Butter bestreichen und mit Rucolablättern auf jeder Semmel ein Nest bauen. Die pouchierten Eier in das Rucolanest setzen. Über jedes Ei einen Esslöffel warme Sauce Hollandaise geben. Den krossen Speck über die Soße legen und wie einen Scheiterhaufen auftürmen. Dann Salz, Pfeffer und frische Kräuter darüberstreuen.

Ammersee Alpakas

Stefan & Nicole Schmelcher genießen die Ruhe der Alpakas

Es war als Gag gedacht, zum 60. Geburtstag von Stefan Schmelchers Vater. Der Betonmischfahrer fuhr auf dem Weg in die Arbeit stets an ein paar Alpakas vorbei, verguckte sich in die lieben Gesichter der Tiere und sagte: »Wenn ich in Rente bin, dann kaufe ich mir Alpakas als Rasenmäher.« Stefan Schmelcher dachte, da leihen wir uns doch zum 60. ein paar Tiere aus und stellen sie dem Vater hin. Schmelcher recherchierte – und verguckte sich selbst in die Tiere, von Ausleihen war keine Rede mehr. Warum nicht selbst welche halten? Dank des großväterlichen Bauernhofs gab es genug Wiesen und Weiden. »Just for fun«, wie er sagt, kaufte Stefan Schmelcher 2013 seine ersten Huacaya-Alpakas und dachte gleich übers Züchten nach. Auch wenn es zunächst nur drei Stuten waren, professionell wollte er das Unterfangen schon angehen. Also besuchte Schmelcher mit 38 Jahren zwei Jahre lang die Abendschule und machte eine Ausbildung zum Landwirt.

Gelernt hat er Heizungsbau, im Prinzregententheater München arbeitet er als Heizungs- und Lüftungstechniker. Theaterarbeit ist Schichtarbeit, und die lässt ihm genug Zeit für seine Alpakas. Auch der Job von Nicole Schmelcher lässt Zeit für die Tiere, vormittags arbeitet die Kinderpflegerin in einem Kindergarten in Raisting, nachmittags ist sie bei den Tieren.

Was klein begann, ist groß geworden und fast ein kleiner Zoo: Inzwischen leben 23 Alpakastuten mit ihrem Nachwuchs in einem großen neuen Stall auf den Weiden am Ortsrand von Eching, dazu etwa ein Dutzend Hengste eines befreundeten Alpakazüchters. Es lebt hier das Pferd von Nicole Schmelcher, dazu zwei Pferde, die hier eingestellt sind. Weil Stefan Schmelcher Mini-Shetland-Ponys so gerne mag, grasen auch zwei Mini-Shettys auf der Weide. Dazu mehrere Hühner, Ziegen und eine Herde Kamerunschafe. Dass Stefan Schmelcher jetzt auch Schafe züchtet, liegt an seinem großen Herzen und dem vielen Platz, den er hat: Eigentlich suchte ein Schafzüchter (ein Bekannter eines Arbeitskollegen) jemanden, der zwei Schafe aufnehmen würde, die er mit der Hand aufgezogen hatte und die nun auf

AMMERSEE ALPAKAS
Painhofenerstraße (gegenüber Ortsschild Eching) • 82279 Eching am Ammersee
Tel.: 01520/923 80 71 • www.ammersee-alpakas.de • Öffnungszeiten:
November–März jeden Samstag, 10–12 Uhr. Alpakawanderungen nach Vereinbarung

S. & N. Schmelchers Tipp:

Nach einer Alpakawanderung in Schondorf Eis essen bei *la Fontanina* (Uttinger Straße 8, 86938 Schondorf am Ammersee).

keinen Fall geschlachtet werden konnten. Ja klar, sagte Schmelcher, die Schafe nehme er. Aber zwei Schafe sind ein bisschen langweilig. Warum also nicht eine ganze Herde halten?

Zudem ergänzen sich Schafe und Alpakas gut, findet Stefan Schmelcher: Was die Schafe nicht fressen, mögen die Alpakas und andersherum. Seit 2020 vermarktet das Paar das Lammfleisch, zu Ostern und zu Weihnachten wird geschlachtet und vom Kühlanhänger heraus verkauft.

Auch die Alpakas tragen zum Einkommen bei: Manchmal werden sie für Fotoshootings gemietet oder zum Spalierstehen bei einer Hochzeit. Firmen buchen Alpakawanderungen als Betriebsausflug, Eltern als Kindergeburtstag. Auch Familien und Gruppen von behinderten Kindern kommen regelmäßig und gehen mit den Tieren wandern.

Die Alpakas hätten ihn entschleunigt, sagt Stefan Schmelcher. Und seine Frau ergänzt: »Die Tiere einfach nur anzuschauen ist Seelenbalsam. Sie strahlen so eine Ruhe aus, dass man selbst ganz gelassen wird. Das ist ein Geschenk.« Diese Entschleunigung sollen auch ihre Kunden erfahren. Eine bis drei Stunden dauern die Wanderungen, je nach Wunsch der Kunden. Je nach Wetter führen die Runden durch den Wald oder über Felder. »Das Spannende ist«, sagt Stefan Schmelcher, »wenn du die Tiere kennst, kannst du nach zehn Minuten den Menschen einschätzen, der das Tier führt.« Wenn ein braves Tier plötzlich zu zappeln und steigen beginnt, weiß Schmelcher, dass das

Kind eher nervös ist. Wenn ein temperamentvolles Tier plötzlich alpakafromm neben dem Kind hertrabt, ist das Kind meist recht ruhig. So wie der kleine Junge, den die Alpakastute am Ende sogar mit sich kuscheln ließ. Wenn Kinder Angst vor den Alpakas haben, weil sie vielleicht größer sind als sie selbst, dürfen sie ein Mini-Shetty auf der Wanderung führen.

Im Mai steht das Scheren der Alpakas an, auch das hat Stefan Schmelcher gelernt: »Ich will ja mit den Tieren arbeiten, da gehören Scheren und Klauenpflege dazu.« Das richtig gute Fell, das Vlies, wie der Fachmann sagt, bekommen Spinnerinnen aus der Umgebung, die es in Handarbeit zu Wolle spinnen. Aus dieser Wolle lassen Schmelchers in Ostdeutschland Schals und Lampenschirme filzen, die sie dann in ihrem Hofladen verkaufen. Einen anderen Teil der Wolle geben sie an eine Manufaktur in Österreich, die daraus Mützen, Socken und Wollschals herstellt. Nicht ganz so hochwertige Wolle wird im Schwarzwald zu Filzeinlagen, Bettdecken und Kopfkissen verarbeitet. Auch diese Produkte verkauft das Paar in seinem Hofladen und auf Weihnachtsmärkten. Auch Alpaka-Seifen gibt es, von einer Seifenköchin hergestellt aus dem Protein Keratin, das in der Wolle steckt.

Dünn wie Seide ist die perfekte Wolle und trotzdem im Winter schön warm. Das liegt daran, dass die Fasern innen hohl sind und deshalb besonders gut isolieren. Zumindest die Wolle der Huacaya-Alpakas. Die der Suri-Alpakas ist innen nicht hohl und deshalb nicht ganz so warm. Aber was soll man machen, als Züchter mit großem Herzen, wenn man ein Suri-Alpaka geschenkt bekommt? Natürlich darf auch das auf dem Hof leben. Hobby und Beruf lassen sich eben nicht immer trennen.

Stefan und Nicole Schmelcher lassen das Fell ihrer Alpakas in Handarbeit zu Wolle spinnen und dann zu Mützen, Socken oder Schals weiterverarbeiten. Alpaka-Wolle wärmt besonders gut, da die Fasern innen hohl sind und so besonders gut isolieren.

Lammfleischpflanzerl mit Fetakäse

Fleischpflanzerl essen Schmelchers besonders gerne.

Zutaten für etwa 15 Stück

2 Weizensemmeln
etwas Milch
1 Zwiebel
1 kg Hackfleisch vom Lamm
150–200 g Fetakäse (je nach Geschmack)
2 Eier
Salz und Pfeffer
Rosmarin, Majoran, Paprika edelsüß
1–2 EL Butterschmalz oder Olivenöl mit einem Klecks Butter

Zubereitung

Die Weizensemmeln in dünne Scheiben schneiden und in etwas Milch einweichen. Die Zwiebel klein hacken und zu der Semmel-Milch-Mischung geben. Dann Hackfleisch, klein gewürfelten Feta und die Eier dazugeben und alles gut vermengen. Jetzt Salz, Pfeffer und die Gewürze dazugeben.

Aus der Masse Pflanzerl formen.

In einer Pfanne das Butterschmalz oder das Olivenöl mit dem Klecks Butter erhitzen und die Pflanzerl hineinlegen. Die Lammfleischpflanzerl etwa zehn bis fünfzehn Minuten bei mittlerer Hitze braten. Pflanzerl dabei mehrmals wenden.

Die Pflanzerl schmecken gut zu bayrischem Kartoffelsalat, zu Bratkartoffeln oder Kartoffelpüree oder kalt als Brotzeit.

HOFMETZGEREI
BROSLHOF

Hofmetzgerei Broslhof

Georg Friedl führt eine Tradition fort

Zehn Schritte trennen hier das Tier und die Theke. Ein schmaler Gang, weiß gefliest zwischen Schlachtung und Verkauf. Näher kann man der Produktion des eigenen Essens nicht sein. Ein paar Meter, in denen sich das Fleisch »verwandelt«, wie Georg Friedl Junior sagt. 2020 hat Friedl mit gerade 22 Jahren die *Hofmetzgerei Broslhof* von seiner Großmutter Anneliese übernommen und sie zu seinem eigenen Projekt gemacht.

Jede Wurst, jedes Stück Fleisch, alles geht hier durch Georg Friedls Hände. »Jede Minute, in der offen ist, bin ich auch selbst da«, sagt er. Und wenn nicht gerade der Laden geöffnet hat, dann schlachtet er, zerteilt, verwurstet. Zwei Metzger sind noch zusätzlich angestellt und einige Verkäuferinnen helfen an der Theke. Der Betrieb ist größer geworden, seit Georg Friedl den Laden übernommen hat. Trotzdem: Es sei noch immer ein »Miniaturbetrieb«. Und wenn Kunden kommen, will Friedl ihnen genau sagen können, wo jede Wurst, jedes Steak herkommt. Für Feiern kann man bei ihm auch selbst gekochten Braten oder Spanferkel bestellen.

Mit dem Laden teilt sich Georg Friedl ein Geburtsjahr: 1998, der kleine Enkel war gerade geboren, eröffnete Oma Anneliese Glas den Laden. Auf dem eigenen Hof, zu dem damals eine Pension, die Landwirtschaft und die kleine Schreinerwerkstatt von Georgs Vater gehörten. Die Kassettendecke, die der Vater damals selbst für den Verkaufsraum hergestellt hat, gibt es noch, alles andere ist frisch renoviert. »Der Laden war schon immer da«, sagt Friedl.

Der Zeitpunkt, den Laden zu übernehmen, kam ganz von selbst. Friedl hatte seinen Meister fertig. Dann machten auch noch die Metzgereien in Herrsching und Inning zu und plötzlich war der Broslhof der einzige Metzger im Ort. »Ich muss das jetzt auf jeden Fall machen«, dachte sich Georg Friedl. Die Idee zu studieren oder mal woanders hinzugehen? So wichtig war ihm das nicht.

Dafür seien ohnehin alle zu sehr hier verwurzelt, sagt Friedl. Vier Generationen leben

HOFMETZGEREI BROSLHOF

Brucker Straße 3 • 82266 Inning am Ammersee • Tel.: 0151/54012908
www.hofmetzgerei-broslhof.de • Instagram: @hofmetzgerei_broslhof
Öffnungszeiten: Do & Fr 9–19 Uhr, Sa 8–13 Uhr
TIPP Auf dem Broslhof gibt es auch Ferienwohnungen: www.broslhof.de.

Georg Friedls Tipp:

Am Broslhof parken und direkt aus dem Hinterausgang heraus im Ampermoos bis zum Ammersee spazieren. Der Weg ist ausgeschildert. Hier in der Natur schaltet Georg Friedl vom stressigen Alltag ab.

auf dem Broslhof. Seit 150 Jahren ist der in Familienbesitz, Oma Annelieses Urgroßvater hat den Hof damals gekauft. Und er hat sich nach und nach erweitert. Der Weg zum kleinen Hofladen führt vorbei an der offenen Küchentür von Oma Anneliese, an der Fassade mit Lüftlmalerei, am Hofhund Beppo und am eigenen Gemüsegarten.

Früher standen die Kühe für den Hofladen noch direkt im Nebenhaus. Heute leben sie auf dem Aussiedlerhof von Friedls Onkel, nicht einmal einen Kilometer Luftlinie entfernt. Rund 100 Rinder sind es inzwischen. Sie liefern das Rindfleisch für den Hofladen so CO_2-neutral wie möglich dank Biogasanlage. »Es ist ein geschlossener Kreislauf«, sagt Friedl. Das selbst angebaute Getreide fressen die Tiere, der Mist kommt in die Biogasanlage, die produziert Strom für 160 Haushalte und der Rest kommt als Dung wieder auf das Getreidefeld.

Was nicht selbst produziert werden kann, sucht sich Georg Friedl genau aus. Wenn er den Schäfer in Fürstenfeldbruck anruft, dann geht der auf die Weide und fängt die Lämmer ein, die Friedl im Hofladen verkaufen will. Die Strohschweine, die er für die Wurst zukauft, kommen alle aus der Münchner Umgebung. Alles gentechnikfrei. Und in einigen anderen Betrieben in der Region hat er selbst schon gearbeitet. So wie beim Kollegen, in dessen Reiferaum er seine Salami aus dem eigenen Fleisch herstellt. »Weil ich nur die Sachen haben will, bei denen ich weiß, wo sie herkommen, was für ein Tier dahintersteht und was für ein Mensch dafür gearbeitet hat«, sagt Friedl.

Und diese Sachen verarbeitet er dann auch gerne weiter. So wabert durch den Raum jetzt ein salzig-herzhafter Geruch vom Dry-aged-Rind, das einen ganzen Schrank neben der Tür einnimmt. Dieses trocken gereifte Fleisch ist ein neues Projekt von Georg Friedl. »Wir machen eigentlich alles, was super Fleisch hervorbringt«, sagt er und rutscht in seinen üblichen Familienunternehmen-Plural. Zum Beispiel Räuchern. Am Abend wird der Räucherofen angeheizt und am nächsten Tag sind die Landschinken vollgesogen mit dem Rauch. Irgendwann hätte Georg Friedl gern genug Platz, um einen luftgetrockneten Schinken zu machen. Momentan passt zwischen Räucherofen, Wurstkessel und Arbeitsfläche gerade mal eine Hand. Wer weiß, vielleicht kommt irgendwann noch ein Café dazu. Wäre nicht verwunderlich. Für jedes Herzensprojekt in der Familie hatte der Hof immer Platz. »Sehr kompliziert bei uns«, sagt Georg Friedl. Friseursalon, Zementhandlung, Schreinerwerkstatt und mehr. Hier gab es schon sehr viel. Und derzeit ist er eh gut beschäftigt: Es kommen immer mehr neue Kunden: Solche, die den Hof auf dem Weg zum Baden entdecken oder die Vegetarierin, die für ihre Familie Fleisch bei Friedl holt, weil sie, wenn schon, beim Erzeuger selbst kaufen will.

Von Sorgen um die Zukunft lässt sich Georg Friedl nicht abschrecken. »Dafür bin ich zu jung und zu unbedarft«, sagt er fröhlich. Zweifel ja, Ängste nein. Noch lässt es sich trotz der neuen Verantwortung gut schlafen. Er freut sich über die Aufgabe. Sechs Tage die Woche, von morgens bis abends. Nur samstags, da fällt es etwas schwerer, wenn der Wecker um halb fünf klingelt. *(Text: MW)*

Jede Minute, die der Laden offen hat, will Georg Friedl selbst da sein. Will das, was er mit eigenen Händen produziert hat, an die Kunden weitergeben. So wie das Dry-aged-Rind, das er im hauseigenen Trockenschrank mitten im Laden zubereitet.

Boeuf á la mode

Den Rinderschmorbraten nach französischer Art kocht Oma Anneliese Glas, wenn die ganze Familie am Sonntag zusammenkommt.

Zutaten für 8 Personen

2,5 kg Rinderschulter
1,5 l Rotwein
1 Zwiebel
2 Karotten
1 TL geriebener Thymian
2 Lorbeerblätter
2 EL gehackte Petersilie
2 Knoblauchzehen
Salz
Pfeffer (schwarz, gemahlen)
einige Speckscheiben
1–2 halbierte Kalbsfüße
je nach Geschmack: ein Kräuterstrauß
500 g Karotten (gleichmäßig lang)
500 g Schalotten
Petersilie zum Garnieren

Zubereitung

Das Fleisch waschen, in einen Tontopf geben und mit dem Rotwein übergießen.

Zwiebel und beide Karotten putzen, in kleine Stücke schneiden. Dann die Zwiebeln, Karotten, Thymian, Lorbeerblätter, Petersilie und Knoblauchzehen zum Fleisch dazugeben.

Das Fleisch im Sud etwa zwölf Stunden kalt stellen und gelegentlich wenden.

Dann das Fleisch aus dem Sud nehmen, mit Küchenkrepp trocken tupfen und mit Salz und Pfeffer würzen. Nun die Speckscheiben in einen Schmortopf geben und das Fleisch darauflegen. Die Kalbsfüße hinzugeben und kurz anbraten. Den Rotweinsud, in dem das Fleisch über Nacht eingelegt war, durchsieben und über das Fleisch gießen. Wasser bis knapp unter den Fleischrand dazugeben. Einen Kräuterstrauß nach eigenem Geschmack hinzugeben und zugedeckt etwa zwei Stunden auf mittlerer Stufe des Herds köcheln lassen.

Dann die 500 g Karotten putzen und stifteln, die Schalotten nur schälen. Das Gemüse dazugeben, die Temperatur herunterschalten und weitere sechzig Minuten langsam köcheln lassen.

Vor dem Essen das Fleisch aus dem Schmortopf nehmen und fünf Minuten ruhen lassen. Anschließend in Scheiben schneiden und auf einer angewärmten Platte anrichten. Mit Karotten, Zwiebeln und den Kalbsfüßen garnieren und mit Petersilie bestreuen.

Je nach Anlass dazu servieren: Spätzle, Kartoffelpüree, Herzoginkartoffeln, Bratkartoffeln, Semmelknödel oder feines Gemüse.

Sissi Taubert

Die Hechendorferin kam über Umwege zu ihrer Manufaktur

Wenn Sissi Taubert etwas wirklich perfektioniert hat, dann wird ihr das zu langweilig. Dann muss wieder die nächste Herausforderung her. Deshalb heißt ihr Laden in Breitbrunn auch schlicht *Traditionelle Manufaktur*. Die Ledertaschen, die Jägerrucksäcke, die Hosenträger – sie alle sind entstanden aus Sissi Tauberts Umtriebigkeit. Und aus ihrer »Zauberei«. So nennt sie das, wenn aus dem Chaos etwas viel Schöneres entsteht als eigentlich geplant. Kleine Makel gehören dazu. »Das ist handgemacht. Das muss so sein«, sagt Sissi Taubert.

Mit den Händen zu arbeiten liegt ihr im Blut. In dem kleinen Haus, in dem Sissi Taubert ihre Waren ausstellt und verkauft, hatte ihr Großvater Josef Eggert seit Ende des 19. Jahrhunderts eine Schusterei. Wer durch die niedrige Tür eintritt, stolpert fast über die alte, schmiedeeiserne Schusternähmaschine, auf der ihr Großvater Stiefel herstellte. Als Sissi Taubert 2014 ihre Manufaktur eröffnete, kamen alte Breitbrunner und erzählten ihr Geschichten vom Opa: »Ich denke, mein Opa würde sich freuen, wenn er wüsste, dass es hier mit demselben Material weitergeht«.

Dabei wollte sie eigentlich nie mit Leder arbeiten. Für ihre Hobbybastelei war ihr das Material zu umständlich. Bis es zum Beruf wurde, musste Sissi Taubert erst einmal anderes perfektionieren. Während andere dafür auf Weltreise gehen, hat die Heimat Sissi Taubert nie lange losgelassen. 1968 wurde sie in Hechendorf geboren, in dem Haus in Breitbrunn hat sie große Teile ihrer Kindheit verbracht. Nur nach ihrem Schulabschluss 1988 verschlägt es sie für ein paar Jahre nach München. Sie arbeitet als Sekretärin. Doch als sie ihren Mann trifft, geht es wieder in die Heimat.

Sie zieht ihre vier Kinder groß. Und näht ihnen in der eigenen Werkstatt im Haus in Hechendorf Trachten. So wie sie es für sich selbst getan hat, seit sie fünfzehn war: Wegen ihrer großen Leidenschaft, der Musik. Schon seit sie ein kleines Kind war, singt sie, spielt Klarinette in Volksmusik-Combos. »Dadurch, dass ich immer Musik gemacht habe, brauchte ich immer ein Gewand«, sagt Sissi Taubert. Sie näht also

TRADITIONELLE MANUFAKTUR

Sissi Taubert • Herrschinger Straße 5 • 82211 Breitbrunn am Ammersee
Tel.: 0173/820 17 37 • www.traditionelle-manufaktur.de
Instagram: @traditionellemanufaktur • Termine nach Vereinbarung

Sissi Tauberts Tipp:

Im Café *SchokoSphäre* (Kirchstraße 11, 82211 Breitbrunn am Ammersee) Süßkram genießen und in der Sonne sitzen. Oder die Hauptstraße runter zum Ammersee spazieren bis zu der kleinen natürlichen Bucht, an der Kinder wunderbar spielen können.

ihre eigenen Dirndl. Und macht bald auch Hosenträger für Musikerkollegen. Irgendwann beginnt sie auch auf Trachtenmärkten in Bayern und Österreich Jägerrucksäcke und Kleinigkeiten zu verkaufen. Heute ist sie nur noch ein paarmal im Jahr auf Märkten zu finden.

Als eine Freundin 2010 eine Tasche zu ihr brachte und sie bat, ihr genau so eine zu machen, verschwand die in einer entfernten Ecke des Hauses. Ein Jahr lang musste die Freundin darauf warten, dass Sissi Taubert der Ehrgeiz packte. Sie wusste zwar nicht, wie es geht. Aber sie wollte es lernen. »Also habe ich mich reingefuchst.« Mit der Hilfe ihres Vaters, einem Schreiner, hat sie angefangen zu »werkeln«, wie sie es nennt. Die erste Tasche (nach dem Original-Vorbild einer Täschnerin aus Österreich) wurde so gut, dass Sissi Taubert sie bis heute trägt. Die zweite Kopie bekam die Freundin. Die erste Auftragsarbeit.

Seither sind viele Modelle dazugekommen. Von der modernen Metzgertasche bis zu solchen aus Springbockfell. Sie reihen sich auf alten Holzregalen in Sissi Tauberts kleinem Verkaufsraum. Jedem Stück sieht man Liebe zum Detail an. Von den gekreuzten Flechtstichen an den Seitennähten bis zu den Prägungen, die Sissi Taubert inzwischen per Laser machen lässt. Daneben bunte Hosenträger für Lederhosen, kleine Tascherl mit Bildern von Menschen in Tracht.

Ihre Kreationen entstehen noch heute in derselben Werkstatt mit Blick auf den Pilsensee, in der sie die Trachten für ihre Kinder nähte. Zehn bis zwölf Stunden arbeitet sie hier zum Beispiel an einer Tasche, gerne auch einmal bis spät in die Nacht. Es ist zwar ihr Beruf, aber als Arbeit oder Last sieht sie es nicht. »Das hier macht enorm viel Spaß.« Die Leidenschaft merkt man im Chaos an Schnittmustern, Ledervorräten, Farbklecksen auf dem breiten Tisch in der Mitte des Raums. Hier bedruckt sie auch selbst die Stoffe, die dann zu Hosenträgern, Jägerrucksäcken oder Schürzen werden.

Die Motive dafür kommen aus drei Holzkisten voller Stempel. Ein Sammelsurium, einige hat Sissi Tauberts Vater für sie gemacht, einige stammen aus Indien. Sie sind das Geheimnis der Muster auf den trachtigen Werken. Zum Beispiel der eine indische Stempel auf dem indischen Stoff mit den roten Streifen in der perfekten Breite, um die Lederhosenträger mit den floralen Motiven zu bedrucken.

Es fliege ihr so zu, sagt Sissi Taubert zu vielem. Sie handelt nach Gefühl und es kommt scheinbar immer so, wie es kommen muss. Den Laden hat sie eigentlich nur, weil in der heimischen Werkstatt nicht mehr genug Platz war. Die Inspirationen holt sie sich aus ihrem Alltag. Jägerrucksäcke, weil sie Windeltaschen für ihre Kinder brauchte. Kissen, weil ihr ältere Frauen ihre Aussteuer brachten und sie den alten Handtüchern mit Monogramm ein zweites Leben geben wollte. Und die Babyschuhe aus Leder, weil sie gerade Oma geworden ist.

In Sissi Tauberts Manufaktur taucht man sofort in ihr Leben ein, in ihre handgemachten Alltagsinspirationen. Ein Termin bei ihr endet

gerne mal in der Küche. Vom Kirchenmaler bis zum Steuerberater kann sich jeder bei einem Kaffee seine Maßanfertigung wünschen. Und das, was Sissi Taubert am besten kann: ein wenig von ihrer Zauberei. *(Text: MW)*

Ihre Kindheit verbrachte Sissi Taubert in dem Haus, das heute ihre Manufaktur beherbergt. Wo früher die Stube ihrer Oma war, reihen sich nun Sissi Tauberts Rucksäcke, Gürtel und Taschen. Frisch bedruckt und genäht in der heimischen Werkstatt.

Perger – Gutes vom Ammersee

Paula von Perger hat das Angebot im Hofladen erweitert

Manchmal muss man nur die Zeichen der Zeit erkennen, dann wird ein Geschäft daraus: Es war im Jahr 1949, als Maximilian von Perger in Herrsching den Bremszylinder eines ausgebrannten Zugwaggons kaufte und daraus eine Saftpresse baute. Der Gartenbauverein hatte bei dem Tüftler und Elektriker angefragt, ob er sich nicht um eine Presse kümmern könne, weil die Breitbrunner damals nicht wussten, wohin mit all ihrem Obst. Von Perger war den Breitbrunnern da schon als findiger Kopf bekannt. Als er mit seiner Familie 1948 aus Tschechien nach Breitbrunn floh, lebten dort etwa 800 Menschen, davon nur etwa 300 Einheimische, der Rest Flüchtlinge, Heimatvertriebene und ausgebombte Städter. Doch nur wenige Unterkünfte hatten Badezimmer. Also errichtete von Perger im alten Gemeindehaus einen Baderaum mit mehreren Badewannen. An Samstagen war dieser besonders gefragt.

Etwa zeitgleich kam das Obst, der Beginn der Saftproduktion. Immer mehr Bauern brachten ihre Äpfel und Birnen zu Maximilian von Perger, die selbst gebaute Saftpresse wurde bald zu klein. Der Senior expandierte und kaufte das Grundstück an der Herrschinger Straße, auf dem heute die Produktionshalle, das Wohnhaus und der Hofladen des Saftherstellers stehen. Er pflanzte Hunderte Johannisbeersträucher, die Flüchtlingsfrauen halfen im Sommer bei der Ernte. Den Saft verkauften von Pergers an einem Stand am Straßenrand, auch umliegende Gaststätten belieferte man.

1988 übernahm Sohn Johannes, gelernter Werkzeugmacher und Gärtnermeister, die Kelterei. Der Betrieb wurde größer, der provisorische Saftverkauf zog vom Straßenrand hinauf vor die Produktionshalle. Dort stellten von Pergers jeden Samstag einen Biertisch auf, verkauften Säfte tragerlweise.

PERGER – GUTES VOM AMMERSEE
Herrschinger Str. 51 • 82211 Breitbrunn am Ammersee • Tel.: 08152/993 75 70
www.perger.de • Öffnungszeiten: Mo & Di, Do & Fr 9–12.30 Uhr und
14–18 Uhr, Sa 9–14 Uhr, Mi geschlossen

Neue Säfte und Limonaden kamen ins Sortiment, Johannes von Perger pflanzte im Laufe der Jahre 30 000 Apfelbäume. Er kaufte Äpfel, Kirschen und Zwetschgen zu, von Biobauern in Freiburg und am Bodensee, in Fürstenfeldbruck, Günzburg und Nordheim am Main. »Wichtig ist, dass man seine Lieferanten kennt«, sagt Paula von Perger. »Dann bekommt man sein Obst auch in Jahren, in denen es wenig davon gibt.«

Im September und Oktober bringen weiterhin die Gartenbesitzer und Obstbauern aus der Region samstags und montags ihre Äpfel und Birnen, um sie zu Saft pressen zu lassen. Im Jahr 1991, erinnert sich Paula von Perger, musste man die Annahme sogar dienstags öffnen, es war ein Obstjahr sondergleichen. »Zwei Leute an der Kasse, zehn Leute an der Obstannahme und Saftausgabe, jeden Samstag von acht bis zwanzig Uhr«, erzählt Paula von Perger. Die gelernte Bürokauffrau hatte Johannes von Perger kurz zuvor kennengelernt, kündigte kurzentschlossen ihren Bürojob in München, um in der Kelterei zu helfen. Der Saftverkauf lag bald in ihren Händen.

Der provisorische Verkaufsstand zog erneut um: vom Biertisch vor der Produktionshalle in eine Halle auf dem Gelände. Mit Regalen, Verkaufstresen, längeren Öffnungszeiten. Paula von Perger setzte nicht mehr nur auf Säfte, sondern verkaufte fortan auch Bier, Mineralwasser und Biowein. »Warum soll der Kunde zu drei verschiedenen Getränkemärkten fahren, um alles zusammenzubekommen, was er braucht?«, fragte sie sich.

Jedes Jahr von Juli bis Ende Oktober rattern die Saftpressen. Kirschen, Johannis- und Holunderbeeren kommen in die Packpresse: Die

Perger-Säfte gibt es schon seit 1949. Damals baute Maximilian von Perger die erste Saftpresse aus einem alten Bremszylinder. Inzwischen werden in der hauseigenen Abfüllanlage jährlich 240 000 Liter Saft abgefüllt. Vom Apfel- bis zum Zitronensaft.

Früchte werden in Tücher eingeschlagen und auf große Gitter gelegt. Eins auf das andere, dann wird gepresst, stundenlang. Äpfel, Birnen, Quitten und Ingwer kullern in die Mühle, die Maische wird dann auf der Bandpresse von einer Walze zur anderen transportiert. Zwölf Äpfel bringen am Ende etwa einen Liter Apfelsaft, für einen Liter Johannisbeersaft braucht es anderthalb Kilo Früchte. Aus den Pressen fließt der Saft dann in unterirdische Tanks. Exotische Säfte wie Mango- und Maracujasaft und Saft von Früchten, für die man extra Maschinen bräuchte, wie Trauben oder Rhabarber und Zitrusfrüchte, werden bereits gepresst angeliefert und dann vor Ort abgefüllt.

Abgefüllt wird das ganze Jahr, je nach Bedarf und nach Saison: Limonaden werden im großen Tank zusammengerührt, ohne Zucker, gesüßt wird nur mit Trauben- oder Agavendicksaft. Zur Biergartensaison vor allem das *Maisinger Kracherl* für den Biergarten *Maisinger Seehof*. Zur Weihnachtszeit werden Punschmischungen abgefüllt und der *Lucullus*, eine Art alkoholfreier Wein aus verschiedenen Früchten.

Doch *Lucullus* brachte der Kelterei am Ende kein Glück: Als die Nachfrage nach diesen Saft-Cuvées das Angebot überstieg und von Pergers expandieren wollten, gründeten sie 2012 eine Genossenschaft mit 400 Anlegern, um das Kapital aufbringen zu können. Eine Zeit lang ging das gut, doch Vorstellungen von Familie und Aufsichtsrat waren zu unterschiedlich. 2014 musste von Perger Insolvenz anmelden.

Die Obstanlagen wurden einem neuen Betreiber übergeben, die Saftproduktion konnte weiterlaufen, weil das Grundstück an den Unternehmer Josef Schernthaner verkauft wurde. Nur noch wenige Apfelbäume besitzen von Pergers selbst, jüngst haben sie wieder ein paar Bäume gepflanzt, für 50 Euro kann man

Paula von Pergers Tipp:

Von Breitbrunn über den Sieben-Brückerl-Weg nach Stegen wandern: Vom Dampfersteg Breitbrunn am See entlang nach Buch spazieren. Nach dem Dampfersteg Buch etwa hundert Meter die Straße Dampferweg hochgehen, dann links in die Straße »In der Senke« einbiegen. Dieser Weg geht in den Sieben-Brückerl-Weg über und führt bis Stegen.

eine Baumpatenschaft kaufen und darf die ersten fünf Jahre die Äpfel ernten.

Seither konzentriert sich der Betrieb nur noch auf die Produktion der Säfte und auf den Hofladen. Paula von Perger erweiterte das Sortiment, jeden Lieferanten kennt sie persönlich. Jetzt gibt es jeden Dienstag und Freitag frisches Bioobst und -gemüse, freitags Brot von der *Hofpfisterei*, dazu Bayrischen Reis, ein Urgetreide aus dem Chiemgau, das wie Reis zubereitet wird. Honig, Tee und Kaffee aus der Region, Olivenöle, Olivenseifen und Oliven aus Griechenland – eine Freundin aus dem Chiemgau lebt dort. Gedrechselte Dosen und Schalen, hergestellt von Michael Smolka, dem Mitinhaber des *Maisinger Seehofs*. »Ich bin in den Laden so reingewachsen, dass ich mir das gar nicht mehr anders vorstellen kann«, sagt Paula von Perger.

In den Ställen, wo Firmengründer Maximilian von Perger einst Pferde hielt, leben jetzt zwei weiße Esel, Rasse Wiener Barockesel, suhlen sich Wollschweine im Schlamm, lassen sich Walliser Schwarznasenschafe von Kindern streicheln. Der Hof soll ein Erlebnisbauernhof werden, plant der neue Besitzer, in der Apfelbaumwiese sollen Almhütten für Feriengäste gebaut werden. Es scheint, als erkenne wieder jemand die Zeichen der Zeit.

Der Hof veränderte sich im Laufe der Zeit: Der provisorische Saftverkauf der Anfangsjahre zog in feste Räume, statt Pferden leben jetzt Wollschweine in den Ställen. In den nächsten Jahren soll auf dem Gelände ein Erlebnisbauernhof entstehen.

Ingwer-Shot

Das Rezept erfand Paula von Perger während der Coronakrise, als immer mehr Menschen in ihrem Laden Ingwer kauften. Sie selbst trinkt jeden Morgen einen Shot, um ihr Immunsystem zu stärken. »Der Shot macht wacher als Kaffee«, findet sie. Natürlich sind alle Zutaten für den Ingwer-Shot aus eigener Produktion.

Zutaten

Leere Flasche oder Marmeladenglas
100 ml Zitronensaft oder Saft von etwa anderthalb Zitronen
100 ml Ingwersaft oder etwa 150 g Ingwer
50 ml Holunderblütensirup

Zubereitung

Die Flasche oder das Marmeladenglas heiß ausspülen.

Alle Säfte mischen und in das Gefäß füllen und verschließen. Wer keinen Ingwersaft hat, reibt den Ingwer auf einem feinen Gemüsehobel und fängt den Saft auf.

Die Mischung hält sich im Kühlschrank etwa fünf Tage.

Jeden Morgen 50 ml des Ingwer-Shots mit etwa 100 ml Apfel-, Orangen- oder Maracujasaft mischen und trinken. Ingwer enthält Scharfstoffe, die entzündungshemmend und schmerzlindernd wirken.

PERGER
bio
ingwer
pur
Gutes vom Ammersee.

Ver-filz-tes

Susanne Springer gibt fluffiger Wolle eine feste Form

Die Leidenschaft packt einen oft unerwartet. Sogar in einem Volkshochschulkurs. Das zweite Kind war abgestillt, da dachte Susanne Springer: »Ich brauche mal wieder neuen Input.« Und weil Filzen eine der wenigen Techniken war, die sie als ausgebildete Erzieherin noch nicht kannte, belegte sie eben einen Kurs im Filzen. »Ich dachte einfach nur: Wow! Das ist ja Wahnsinn, was da passiert: Was da aus Rohwolle, Wasser, Seife und mit den eigenen Händen entsteht! Das sprang wie ein Funke auf mich über.« Der Wahnsinn, das war ein grauer Filzball, in den die Kursteilnehmer einen Halbedelstein eingefilzt hatten. Dann schnitten sie den Ball auf, und im Inneren glänzte nicht nur der Edelstein, sondern erstrahlte eine Schicht bunter Wolle, helle und dunkle Grüntöne, helles Türkis, dunkles Blau. »Rohwolle, also ungesponnene Wolle, kannte ich da noch nicht als Arbeitsmaterial, allenfalls um damit Puppen auszustopfen.« Ab jetzt begann es in ihrem Kopf zu rattern. »Ich bin abends mit den Ideen ins Bett gegangen und mit neuen aufgewacht.«

Im Küchenwaschbecken begann sie mit Wolle, Wasser und Seife zu experimentieren. Fertigte Perlen für eine Halskette oder Ohrringe. Kleine Kugeln mit Schnüren oder Filzstücke mit Knisterfolie als Spielzeug für ihre Tochter. »Ich merkte, dass ich mit einem anderen Blick durch die Welt ging und immer schaute, wie ich etwas in Filz umsetzen kann.« Umgab eine Kastanie mit Filz und schnitt sie auf wie einst den Edelsteinball. Filzte in das Hütchen einer Eichel die Frucht selbst ein. Erste Versuche, erste Spielereien. Susanne Springer wagte sich neben Schmuck auch an Eierwärmer und Pulswärmer, beschenkte Verwandte und Freunde, »und dann ging es los: Ich wurde immer wieder gefragt, ob man meine Sachen kaufen könne, und es kamen erste Bestellungen«.

Die Herrschingerin meldete 2005 ein Gewerbe an und wurde auf erste Märkte eingeladen. Jetzt ist sie in der Vorweihnachtszeit regelmäßig auf dem Adventsmarkt des Breitbrunner Saftherstellers *Perger* zu finden, bei den Märkten des Eltern-Kind-Programms in Stockdorf und der Waldorfschule Landsberg

VER-FILZ-TES
Susanne Springer • Unterer Stocketweg 12 • 82211 Herrsching
Tel.: 08152/39 81 75 • www.ver-filz-tes.de
Instagram: @verfilztesde • Termine nach Vereinbarung

Susanne Springers Tipp:

Mit dem SUP-Board bei Sonnenauf- oder untergang durch die Herrschinger Bucht paddeln oder zum Seglerkreuz spazieren. Start ist der Parkplatz an der Rieder Straße, dann Richtung Breitbrunn am See entlang.

sowie denen des *Lautenbacher Hofs* in Bachern am Wörthsee und der *Weilachmühle* in Thalhausen – ein Hof, der früher der Well-Familie gehörte. Und im Sommer verkauft sie auf dem Markt des *Hofs Rosenrot* in Markt Indersdorf, in dem mehrere Werkstätten und ein Café untergebracht sind. »Das Schöne an den Märkten ist der Kontakt zu den Kunden und dass die meisten ehrlich interessiert sind. Das ist ein sehr wertschätzendes Publikum.«

Im Erdgeschoss ihres Hauses entstand eine Werkstatt, in der Springer nicht nur ihre Objekte verkauft, sondern auch Filz-Kurse gibt. Für Freundinnen, Familien, Geburtstagskinder.

Kreativ war Susanne Springer schon immer, bereits als Zwölfjährige wusste sie, dass sie mal mit Kindern arbeiten und basteln wollte; also machte sie daheim im Saarland eine Ausbildung als Erzieherin. Ihr Beruf führte sie nach Bayern, in einem Münchner Kindergarten war sie so etwas wie die Kreativchefin, durfte dort Workshops nach Lust und Laune anbieten, den Kreativzweig der Einrichtung ausbauen und eine Werkstatt einrichten. Am liebsten arbeitete sie damals mit Pappmaché, einer Technik, die dem Filzen nahekommt: Papierfetzen verbinden sich mit Wasser und Kleister zu einer festen Masse und lassen sich mit den Händen in jede beliebige Form bringen.

Ähnlich ist es beim Filzen: Susanne Springer besprüht die Rohwolle kräftig mit heißem Wasser, dann fächern sich die Schuppen der Wollfäden auf. Ein wenig Seife dazu, um das

Wollfett zu lösen, dann kann es losgehen. Susanne Springer reibt die Wollfäden sanft hin und her, verwirrt sie, sodass sich die aufgestellten Epidermisschuppen verqueren und ineinander verhaken. Dann wird der Druck auf das Geflecht stärker, sie knetet und walkt, um das Wasser rauszuquetschen. Dabei verhaken sich die Haare noch stärker, die Epidermisschuppen klappen zu und die Haare halten sich gegenseitig fest. Die Wolle verfilzt – so wie auch ein Wollpulli, den man zu heiß wäscht.

Wenn Susanne Springer Tücher aus dünner Baumwolle, Seide oder Leinen mit Filzfransen oder Filzapplikationen versieht, macht sie sich genau diesen Effekt zunutze: Die Wolle verkrallt sich durch das Wasser und Walken im feinen Gewebe des Stoffs und verbindet Filz und Tuch. Manchmal arbeitet sie Seidenfäden ein, so bekommt sie in ihrer Steinkollektion die weißen und schwarzen Maserungen hin.

Die Herrschingerin verarbeitet nur gefärbte Merinowolle, weil sie findet, Wolle solle sich auf der Haut weich anfühlen, nicht kratzig. Tücher, Mützen, Schals hat sie im Sortiment, Wärmflaschen, Babyschuhe, Türstopper, Schalen, Filzvasen, die im Inneren eine Glasvase verbergen: »Ich mache nur Sachen, die mir gefallen und die ich brauchen könnte.« So ist auch ihre Steinkollektion entstanden: »Ich wollte Kissen, die wie Steine aussehen. Das habe ich ausprobiert und bin in einen Flow reingekommen. Das Filzen der Steine, das Drehen der Ammerseekiesel, ist eine sehr meditative Bewegung.« Zumindest am Anfang. »Am Ende walkt und schlägt man die Filzsachen, da kann man seine ganze Kraft und Energie reinstecken.« Aus feiner, fluffiger Wolle wird ein fester Gegenstand, der auch noch wasser- und schmutzabweisend ist. Faszinierend, in der Tat.

Ihre Liebe fürs Filzen entdeckte Susanne Springer in einem Volkshochschulkurs. Im Erdgeschoss ihres Hauses fertigt sie nur das an, was ihr gefällt: Wärmflaschen oder steinerne Türstopper. Das Filzen der Ammerseekiesel ist für sie wie Meditation.

Antikholzmanufaktur

Thomas Brouwers ahnt das geheimnisvolle Leben der Bäume

Die Möbel von Thomas Brouwers dürfen von ihrem Leben erzählen. Sie zeigen ihre Narben, ihre Risse, ihre Vertiefungen, ihre Verwundungen. Jeden Riss, jedes Loch hat Brouwers mit Miniatur-Fräswerkzeugen geglättet, sodass man über das Holz streichen kann, es sich weich und glatt anfühlt, aber die Spuren des langen Lebens doch spür- und sichtbar sind. »Oft haben die Hölzer schlimme Geschichten hinter sich, Leid, Armut, Glück, Schönheit, alles ist zu spüren«, sagt der Möbelbauer. »Jedes Holz hat seine Ausstrahlung, ich bringe es nur in eine neue Form.« Holz ist für Brouwers nicht nur ein Material, es ist ein Element. Eines, das Ausstrahlung, Wärme und Geborgenheit gibt. »Ohne Holz«, sagt er, »lässt es sich schlecht leben.«

Vielleicht spürt Thomas Brouwers zum Holz deshalb eine so tiefe Verbundenheit, weil er buchstäblich im Wald aufgewachsen ist, mit Bächen, Wiesen, Tieren und Bäumen. In einem kleinen Holzhäuschen mitten im Wald in Utting, ohne fließend Wasser und »ohne all die angenehmen Dinge, die wir heute kennen«. Weil er schon von klein auf Holz hackte, um heizen zu können. Weil er als Kind Bäume umarmte und weil er 1990 den Sturm Wiebke miterlebt hat, der »mit einem Gotteswisch fast alle Bäume auf einer Fläche von 5000 Quadratmetern entwurzelte« und das Haus im Wald unbewohnbar machte. Eine Urgewalt. »Ich habe Natur im Übermaß inhaliert.« Eine glückliche Kindheit, sagt Brouwers, wenn auch keine einfache.

Seine Mutter, Rosemarie Magarete von Sandberg-Brouwers, ist Malerin und hat Kunst in London und Paris studiert, sein Vater ist Mathematiker und Steinbildhauer. Beide gebürtige Holländer, an den Ammersee kamen sie, als Brouwers' Vater Aufträge für die Glyptothek in München bekam und dort Skulpturen reparierte und restaurierte. Auch in der Region hat sein Vater Harry Henrik Brouwers Spuren hinterlassen: Nach Angaben seines Sohnes gestaltete er die Steinfrau vor dem Ignaz-Kögler-Gymnasium Landsberg und die Osram-Wand am Osram-Bürogebäude in München. Kein Wunder, dass die Kunst auch für den Sohn eine Option war. Thomas Brouwers bewarb sich zunächst an der Fachakademie für Goldschmiedekunst in Neugablonz wie sein älterer Bruder, doch es zog ihn

ANTIKHOLZMANUFAKTUR
Thomas Brouwers • Kremsstraße 1 • 82396 Pähl • Tel.: 08808/15 33 oder 0171/388 88 10
www.antikholzmanufaktur.com • Termine nach Vereinbarung

zurück zur Natur: Er begann eine Lehre als Landwirt und landete dann doch beim Holz. Er arbeitete bei Schreinern und Zimmerern, schaute sich ab, was er brauchte, und machte sich mit 23 Jahren selbstständig. Brouwers baute Terrassen, Balkone, Treppen, Holzhäuser und Dachstühle im Münchner Umland, stellte vier Mitarbeiter an und erkannte nach einigen Jahren, dass ihm diese Verantwortung zu viel war und er lieber alleine arbeiten wollte.

Wieder war es das Holz, das ihm den Weg wies: Von den modernen Holzbearbeitungsmaschinen der Firma *Hundegger* fasziniert, begann er einen Handel für gebrauchte Anlagen. Seither vertreibt er diese Abbundmaschinen in ganz Europa.

Doch das handwerkliche Arbeiten fehlte dem Zimmerer, er wollte nicht nur mit gebrauchten Maschinen und alten Hölzern handeln. Sondern: »ich wollte eine Stufe höher: das Holz auch verwandeln. Mich haben die Hölzer so angesprochen, dass ich gesagt habe, da muss ich Möbel draus machen.« Ausdrucksstarke, einzigartige Möbel sollten es sein. Tische, Bänke, Sideboards. Anfangs arbeitete Brouwers nur mit Holz, jetzt wählt er oft Stahl als verbindendes Element: mal sind es Stahlstangen, Bewehrungsstahl, wie man ihn zur Verstärkung für Betonarbeiten verwendet, mal die Beine eines alten Heukrans. Geschmiedet werden die Tischbeine und Tischrahmen von einem Schlosser aus Pähl. »Tische«, sagt Brouwers, »sind doch das zentrale Element in jedem Haus, in jeder Familie.« An ihnen findet das Leben statt, an ihnen wird gelacht, gestritten, diskutiert.

Etwa hundert Stunden Arbeit stecken in jedem Tisch, verarbeitet werden nur heimische Hölzer, Fichte und Eiche aus der Region. »Tro-

Für seine Möbel verwendet Thomas Brouwers nur altes Holz aus der Region. Oft hat das Leben darin Spuren hinterlassen – wie in jenen Platten, die einst Schulbänke waren. Seine Manufaktur ist im ältesten Haus von Pähl untergebracht.

penhölzer sind die Lunge unserer Erde, sie gehören nicht hierher.« Weil Brouwers gut vernetzt ist, erfährt er, wenn irgendwo in der Gegend ein Stadel, eine alte Tenne abzubauen ist. Die montiert er ab, zerlegt sie und lagert die einzelnen von der Sonne graubraun gebrannten Bretter und Balken in seiner Schreinerwerkstatt in Wielenbach. In einer alten Brauerei baute er die Fichtendielen aus, restaurierte sie und fand neue Eigentümer. »Ich gebe altem Holz wieder einen Wert.«

Vom Spazierengehen trägt er markante Äste und Stämme heim, die dann Skulpturen oder Lampenfüße werden. Den Baumstamm, der jetzt an der Außenwand seiner Manufaktur prangt und sein Logo wurde, fand Brouwers' damalige Lebensgefährtin im Ammersee treibend. Sie stieg in ein Ruderboot und schleppte den Baum zwei Kilometer weit ans Ufer.

Bodenbretter, Wandbalken, Scheunentore, alte Schulbänke – allem lässt sich neues Leben geben. In Brouwers' Manufaktur lehnen alte Heufenster aus einem Pferdestall an der Wand, gedacht als Lichtobjekte, es hängt ein Balken im Raum, den Brouwers mit einem LED-Streifen leuchten lässt. Ein Scheunentor gleitet über die Wand, perfekt als Raumteiler. Neben einer Tür steht »die schwangere Frau«, ein Eichenbrett, das an eine Schwangere erinnert. Ein Geschenk von einem Freund aus der Schweiz, der mit alten Hölzern handelt.

Untergebracht ist die Manufaktur übrigens im ältesten Haus von Pähl. Es ist über 550 Jahre alt und steckt voller Geschichten. Wie das Holz der Möbel.

Thomas Brouwers' Tipp:

Im Restaurant *Müllers Lust* essen gehen. Das Haus war früher eine alte Getreidemühle (Kirchstraße 1, 82396 Pähl).

Pilsensee,
Weßlinger See
und Wörthsee

Radlbazi

Bartlomiej Zabielny setzt Schrott ins rechte Licht

Wenn es nicht zu platt wäre, würde man gerne sagen, der Radlbazi hatte auf seiner Weltreise eine Art Erleuchtung. Als er rund um die Kontinente radelte, von München die Donau entlang über Österreich, die Slowakei bis Ungarn, Rumänien, Moldawien. In die Ukraine, nach Russland und Kasachstan, weiter nach China, Tibet, Nepal, Indien, Thailand und Malaysia. Und dann von Los Angeles bis New York. Und über Portugal, Spanien, Frankreich und die Schweiz zurück nach München. Da sah Bartlomiej Zabielny all den Müll. Die verdreckten Strände in Thailand und Malaysia, die vermüllte Steppe in Kasachstan, die Müllberge an den Stadt- und Straßenrändern in China und Indien. »Es tut weh, wenn man sieht, wie viele Länder und Regionen mit Müll umgehen.«

Zabielny, von seiner Oma »Radlbazi« genannt, lernte Menschen kennen, die aus dem Müll zogen, was ihnen verwertbar schien und brauchbar war. Er traf den thailändischen Kunsthandwerker, der beim Tsunami 2004 seine Familie und sein Haus verloren hatte. Aus dem Schrott, den die Wellen an Land gespült hatten, aus Holz, Flaschen und Steinen, hatte sich der Mann ein neues Haus gebaut: in Form eines Schiffes, aber auf einem Berg. Weit weg vom Wasser. Bartlomiej Zabielny erkannte, »Müll ist kein Abfall, sondern Müll ist eine Möglichkeit«. Nach 407 Tagen und 22 000 Kilometern zurück in München wusste er, dass er die Menschen sensibilisieren wollte für den Müll. Ihnen zeigen wollte, dass Müll auch Rohstoff sein kann. Und zwar aus seiner Perspektive, der eines Radlers.

Seine Weltreise trat Bartlomiej Zabielny an, weil er die Sehnsucht nach Freiheit und Abenteuer in sich spürte. Weil er sich selbst prüfen wollte, »ob ich alles erreiche, was ich mir vornehme, und weil ich wissen wollte, ob ich die Welt aus eigener Kraft umrunden kann«. Das war im Jahr 2010, der Radlbazi war 26. Zuvor hatte er eine Ausbildung als Sozialbetreuer abgeschlossen, die Berufsoberschule besucht und dann ein Jahr als Rikscha-Stadtführer in München gearbeitet, mehrmals mit dem Rad die Alpen überquert, um sich auf die große Fahrt um den Globus vorzubereiten. Der Radlbazi ließ sich ein Fahrrad bauen mit maßgefer-

RADLBAZI

Bartlomiej Zabielny • Am Steinberg 1 • 82237 Steinebach • Tel.: 0160/94865984
www.radlbazi.de • Termine nach Vereinbarung

tigtem Rahmen, höhenverstellbarem Vorbau und Rohloff-Getriebe: einem Planetengetriebe, die Ritzel sind in einer dicken Nabe verschlossen, sodass kein Dreck und kein Wasser hineinkommen können.

Am Ende war es genau jene Schaltung, die den Anstoß zu den Lampen gab. In der Schweiz brach ein Ritzel, Zabielny sprang immer wieder die Kette raus. Zurück in München unterzog der Radlbazi sein Rad einer Inspektion. Als er das Ritzel abgenutzt und gebrochen in Händen hielt, wusste er: Ritzel und Fahrradketten, Speichen, Brems- und Schaltseile und all die anderen Teile eines Fahrrads würden sein Material sein. Etwas Pompöses wollte er schaffen, es sollte wirken, als sei der Müll ein Luxus. »Kaum etwas kommt imposanter daher als Lichtobjekte«, sagt Bartlomiej Zabielny, und Kronleuchter ganz besonders. Zudem gab das Licht auf seiner Weltreise den Rhythmus vor: aufstehen bei Sonnenaufgang, schlafen gehen, wenn es dunkel wird. Er lernte, nach dem Licht zu leben.

Und so begann der Radlbazi an seinem ersten Lüster zu bauen, drei Monate putzte er Kettenglieder, schraubte, fädelte und probierte, bis er den Kettenleuchter fertig hatte. Aus etwa dreizehn Metern rohen Ketten, fünfzehn Kilo schwer.

Anfangs fragte er in Fahrradgeschäften nach Fahrradschrott, (Kontakte hatte der Radlbazi genug), trug die Ketten und Ritzel eimerweise heim. Dazu Rahmen, Lenker, Felgen. Doch das war bald zu mühsam, er brauchte mehr Material, viel mehr. Jetzt darf er regel-

Die Idee für seine Lampen aus Fahrradketten und Radlritzeln kam Bartlomiej Zabielny nach seiner Radtour um die Welt. Er arrangiert die geputzten Kettenglieder und Metallteile zu pompösen Leuchtern und Lüstern. Dafür erhielt er mehrere Preise.

mäßig in den Containern wühlen, wenn die Stadt München mal wieder Hunderte alte Fahrräder an Bahnhöfen eingesammelt und zum Sozialwerk gebracht hat. Den Schrott lässt er mittlerweile mit Ultraschallgeräten entfetten und entrosten, dann verarbeitet er das Material roh oder lässt es galvanisieren, sodass es verchromt oder verkupfert wird. Kistenweise liegen die Rohstoffe ordentlich sortiert in seiner Werkstatt in Alling. Vorne ist ein Geschäft für Maßmöbel, es gehört seinem besten Schulfreund, der Radlbazi arbeitet hier mit, verdient, was er zum Leben braucht, und wenn es die Zeit zulässt, baut er hinten an den Leuchtobjekten.

Zu den Kettenlüstern kamen Stehlampen mit hängenden Kettengliedern, filigrane Weltkugellampen aus dutzenden Ritzeln zusammengeschweißt, kleine Tischlampen. Bartlomiej Zabielny fertigt Spots aus Speichen für

Bartłomiej Zabielnys Tipp:

Eine Radtour um den Ammersee. Der Radlbazi beginnt immer in Breitbrunn und fährt dann im Uhrzeigersinn über Herrsching, Dießen, Utting, Eching zurück nach Steinebach.

eine Bar genauso wie den Lüster fürs private Wohnzimmer. Jede Lampe ist eine Maßanfertigung, die Lampe muss ja in den Raum passen: »Da bin ich Pedant.«

Er zeigt seine Objekte auf Ausstellungen meist zum Thema Upcycling, gewann prompt verschiedene Preise. Das schönste Kompliment machte ihm auf einer Vernissage einmal eine Dame, die fragte: »Was ist denn bei Ihnen Upcycling?« Sie sah in den Leuchten die Schönheit, nicht den Schrott.

Olaf Nie

Der Buchbinder hat sich der Einbandkunst verschrieben

Olaf Nie einfach nur als Buchbinder zu bezeichnen, ist eine Untertreibung. Er ist Buchgestalter, Buchretter, Buchversteher. Natürlich hat er in der Lehre das klassische Binden von Büchern gelernt, von Zeitschriftenbänden und Monografien. Die Pflicht eben. Die Kür hat er sich selbst beigebracht, abends am Schreibtisch. Das, was ihn wirklich interessierte: wie man Ledereinbände gestaltet, wie man Pergament verarbeitet, wie man Schachteln und Schmuckdosen baut.

Zum Beruf des Buchbinders fand er durch Zufall: Verschiedene Praktika während der Jahre an der Fachoberschule für Gestaltung in München führten ihn in eine Metallwerkstatt, in die Werkstätten der Staatsoper, zu einem Maler – und eben zu einem Buchbinder. Die Typografie hat ihn interessiert, die große Frage: »Was ist ein schönes Buch?«

Olaf Nie schwärmt von mittelalterlichen Handschriften, der Buchkunst des 19. Jahrhunderts – ein ganzer Kosmos tat sich ihm auf. Dem wollte er sich annähern, ihn ergründen und erforschen, ihm sein Berufsleben widmen. »Vielleicht ist das ähnlich bekloppt, wie wenn jemand sagt, er möchte ein entlegenes Instrument lernen.«

Wenn er etwas anschaulich erklären will, bemüht Olaf Nie gern Vergleiche. Etwa wenn es um den Unterschied geht zwischen einer Papierschachtel, wie man sie auf Weihnachtsmärkten findet, und denen, die er herstellt: »Das ist«, sagt er, »als ob Sie ein Kleidchen beim Trödler kaufen oder es bei einer erstklassigen Schneiderin in Paris machen lassen.« Das eine ein Stück von der Stange, das andere extra angefertigt, passend zum Träger, passend zum Anlass. So ist es auch mit seinen Büchern. Wenn er ein Buch neu bindet, dann wählt er das Material des Einbandes passend zum Inhalt: das Muster, das Aussehen, die ganze Gestaltung. »Ich will dem Werk eine Anmutung verleihen«, drückt Nie es aus. »Ein Buch erzählt über seine Oberfläche den Inhalt. Ist sie weich oder hart? Warm, kalt? Rau oder glatt? Wenn ich einen Rilke binde, wird das ein völlig anderes Buch als ein Stephen King.«

In den Buchläden fühlt sich ein Rilke heute meist genauso an wie ein Stephen King. Einst galt: je wertvoller ein Buch, desto wertvoller der

HANDBUCHBINDEREI OLAF NIE
Ettenhofener Straße 42 • 82234 Weßling • Tel.: 08153/886 79 49
www.olaf-nie.de • Termine nach Vereinbarung

Olaf Nies Tipp:

An den Wörthsee fahren und sich am türkisblauen Wasser des Sees erfreuen.

Umschlag. Für die teuersten Bücher Leder, dann Gewebe, Papier – so ging die Hierarchie. In der Epoche des Art déco wandelte sich dieses Verständnis: Aus billigen Dingen wie Plastik wurden hochwertig anmutende Werke. »Dadurch, dass ich verschiedene Materialien kombiniere, wird ein Werk interessant«, sagt der Buchbinder.

Da ist beispielsweise sein Meisterstück, ein Band über den Bildhauer Alberto Giacometti: gebunden in schwarz gefärbtes Pergament, das Vorsatzpapier schwarz, die Seiten mit einem Silberschnitt versehen. Verwahrt in einem Schuber aus Karton, innen mit Stoff ausgeschlagen, die Kanten mit schwarzem Leder verstärkt.

Oder der Glaskasten-Einband um den Ausstellungskatalog *Fernweh* des Künstlers Joseph Cornell. Cornell komponierte Collagen in kleinen Schaukästen und um »diese Stimmung aufzunehmen«, band Olaf Nie den Katalog selbst in einen aufklappbaren Schaukasten, mit einer Weltkarte und kleinen Globen unter dem Glas. Und über allem schwebt auf kleinen Würfeln das Wort »Fernweh«.

Nach seiner Lehre war Olaf Nie zwei Jahre in der Hofbibliothek von Schloss Aschaffenburg angestellt, machte dann seinen Meister. Weil er das Restaurieren alter Bücher und Grafiken lernen wollte, machte er weitere Praktika – eine richtige Ausbildung dafür gab es damals noch nicht. Der Buchbindemeister eröffnete seine eigene Werkstatt. Er wollte mit den eigenen Händen etwas erschaffen. »Ich wollte nicht in einer Werbeagentur enden und Kunden etwas verkaufen, das keiner braucht«, sagt er.

Lieber der Leidenschaft nachgehen. Zusammen mit einem Literaten und einem Literaturwissenschaftler gründete Nie einen eigenen Verlag: den *WidderDruck*. Die drei brachten opulent gestaltete Werke mit Originaldrucken heraus, zu Texten von Dante oder Baudelaire, von Gert Heidenreich oder Herbert Achternbusch. In Kleinstauflage druckten sie diese Bücher, verlangten 150 bis 1.000 Mark dafür. Zehn Jahre gab es diesen Verlag. Er brachte viel Lob, aber wenig aufs Konto.

Sein Geld verdient der Buchbinder mit Aufträgen wie dem Reparieren und Restaurieren von Büchern und Grafiken, dem Binden von Diplomarbeiten und Hochzeitsalben, dem Binden von Zeitschriften. Er fertigt Sonderserien für Verlage, Mappen für Präsentationen, Verpackungen, Alben, Kassetten und Passepartouts – und auch mal eine Schachtel für handgenähte Schuhe für den Papst. Für Kunden, die ein einzigartiges Last-Minute-Geschenk suchen, gibt es kleine Schachteln und Kästchen, selbst gedruckte Papiere, handgefertigte Leporellos, Notizbücher, mit selbst bedruckten Papieren überzogen. »Das Handwerk ernährt mich und gestattet mir, meine Kunst zu machen«, sagt Nie.

Seine Kunst, das sind nicht nur die Prachtbände, sondern auch viele Hundert Collagen, die in seiner Werkstatt in den Regalen stehen, sauber gerahmt in Passepartouts. Das Lexikonblatt mit den Korallenskeletten, die kombiniert sind mit Modellen aus einem Wäschekatalog. Die anatomische Skizze von Leonardo da Vinci mit farbigen Elektronikmotiven im Gehirn. Olaf Nie sagt: »Ich dachte gar nicht, dass ich handwerklich und künstlerisch ein besonderes Geschick habe. Aber ich musste all das nie lernen, ich mache das einfach.« Und es wird gut.

Ein Buch mit dem passenden Einband zu versehen ist für Olaf Nie eine Kunst. Zu seinem Beruf fand er, weil ihn die große Frage interessierte: »Was ist ein schönes Buch?« Dem Buchbinden und Schachtelnbauen widmet er sich im Untergeschoss seines Hauses.

Hofladen Haas

Susanne und Werner Haas vertreiben ihre Eier im ganzen Landkreis

Die Frage, was zuerst da war, die Henne oder das Ei, ist bei Familie Haas schnell geklärt: Erst waren da die Hühner, dann die Eier. Bereits in den 60er-Jahren, als Werner Haas' Mutter von Aschering nach Unering zog und in den Haas-Hof einheiratete, begann die Familie mit der Aufzucht von 1500 Legehennen. Die Eier verkaufte Mutter Haas aus dem Hausflur raus und fuhr mit dem Auto von Haus zu Haus und bot ihre Eier an. Einen festen Kundenstamm hatte sie bald zusammen.

Als Susanne und Werner im Jahr 2004 den Hof übernahmen, bauten sie eine Garage zum Hofladen um. Die Eier gibt es jetzt zu festen Öffnungszeiten. Das Sortiment konnten sie so auch vergrößern – etwa um die selbst gemachten Eiernudeln, nach denen die Kunden oft gefragt hatten. Die produziert Max Scherer aus Schmiechen bei Mering aus den Ueringer Eiern. Eigentlich wollten Susanne und Werner Haas die Nudeln selbst machen. Aber sie verwarfen die Idee, als ihnen das Landratsamt die Auflagen nannte. Ebenso die Idee, Butter zu machen. Neben Produktionsküche und Lagerräumen hätten Haas' noch einen Ankleideraum und für die Milch eine extra Pipeline vom Stall in die Produktionsküche gebraucht. Werner Haas sagt: »Das macht vielleicht Sinn für große Produzenten, aber für kleine rechnet sich das nicht.« Ein bisschen weniger Bürokratie für die Kleinen würde er sich wünschen.

Produktionsküche und Lagerraum haben sie eingerichtet, hier kocht Susanne Haas Marmelade ein, sie setzt Liköre und Schnäpse an. Hochprozentiges anzusetzen kennt sie aus ihrem ersten Beruf: Als pharmazeutisch-technische Assistentin hat sie flüssige Arzneimittel hergestellt.

Verarbeitet wird nur, was der Hof hergibt, zugekauft wird nichts: Bärlauch, Holunderblüten und -beeren, Mirabellen, Zwetschgen und Walnüsse. Und Eier natürlich. Die werden zu Eierlikör – den hat Susanne Haas schon selbst gemacht und an Freunde und Bekannte verschenkt, bevor sie ihren Mann kennenlernte. Das, was Susanne Haas sonst noch im Sortiment hat, kommt von Freunden und Bekannten: die Kartoffeln aus Unering und Gilching, der Schnaps von einem Bekannten aus Nuß-

HOFLADEN HAAS

Perchtingerstraße 7 • 82229 Unering • Tel.: 08153/1220 • www.hofladen-haas.de
Öffnungszeiten Fr 10–12.30 Uhr und 14–16.30 Uhr, Sa 10–12.30 Uhr

S. & W. Haas' Tipp:

Die Uneringer Kirche Filialkirche St. Martin besichtigen (Zugang über die Treppe von Perchtinger Straße, 82229 Unering) und im *Gasthof Schreyegg* essen (Andechser Str. 2, 82229 Unering).

dorf am Inn, der noch ein Brennereirecht auf seinem Hof hat. Dazu Wein, Speck und Apfelsaft aus Südtirol. »Ich bin früher jedes Wochenende und im Urlaub nach Südtirol gefahren«, erzählt Susanne Haas. Weil sie jetzt nur noch selten dorthin kommt, holte sie sich Südtirol nach Hause. Oder besser in den Hofladen.

Reinschnuppern in das Landwirtsleben konnte Susanne Haas schon vor der Ehe, als Haas' Eltern wegen Krankheit ausfielen. »Ich bin morgens zum Melken gegangen, dann in die Arbeit in der Pharmaindustrie und am Abend wieder in den Stall. Das war schon ungewohnt, dass die Arbeit auf einem Hof nie zu Ende ist. Früher war für mich am Freitagmittag Schluss, da begann das Wochenende.«

Den Hof bewirtschaftet das Paar allein, die Eltern von Werner Haas helfen mit, so gut sie können. Trotzdem: Gemeinsame Urlaube gibt es nicht, auch Tagesausflüge sind selten. »Wenn du mit den Kindern nicht mal einen Tagesausflug machen kannst, dann ist das nichts«, sagt Werner Haas. Seit sie kürzlich das Milchvieh aufgaben, haben sie ein bisschen mehr Freizeit, und auch der neue Hühnerstall ist eine Erleichterung: Die Hennen haben jetzt mehr Platz, sie scharren und picken auf Stroh und können raus ins Freie, in ihren Wintergarten. Familie Haas muss jetzt nicht mehr per Hand ausmisten, sondern kann mit dem Lader reinfahren. »Jetzt geht es den Hühnern und uns selbst besser«, sagt Werner Haas.

Werner Haas war ungefähr zehn, als sein ältester Bruder ihn fragte: »Übernimmst du den Hof?« »Ja freilich«, sagte der Bub. Und ihm war auch klar: »Wenn ich was mache, dann gescheit. Nebenerwerbslandwirt kommt nicht infrage.« So machte er eine Lehre als Landwirt und besuchte danach drei Semester die Landwirtschaftsschule in Weilheim, dann die Höhere Landbauschule in Rottalmünster. 2001 machte er seinen Abschluss als Agrarbetriebswirt.

Susanne Haas hörte 2006 nach dem ersten Kind auf, als PTA zu arbeiten. Auf dem Hof ist genug zu tun, auch das tägliche Eier-Ausliefern. Die Touren hat das Paar von Werner Haas' Eltern übernommen und weiter ausgebaut. Sie liefern an die Solidargemeinschaft *Unser Land*, an Privatleute, Gaststätten und Geschäfte in Gauting, Feldafing, Seefeld, Hechendorf. Susanne Haas lädt jeden Mittwoch etwa 2000 Eier ins Auto für die Herrsching-Runde, ihre alte Heimat. Jeden Donnerstag steht für Werner Haas die Starnberg-Runde an, er beliefert Gaststätten wie das *Strandhouse*, *Dahoam* oder den *Maisinger Seehof*, außerdem Bäckereien oder Firmen, deren Mitarbeiter in der Mittagspause ihre Eier am Auto abholen.

Seit 2018 gibt es die Eier auch am Automaten, mehrmals am Tag werden die Fächer aufgefüllt. Erntefrisch, wenn man so will. Da kann es schon mal zu Missverständnissen kommen. Etwa, weil die Spiegeleier labbrig werden oder hart gekochte Eier nicht wirklich hart. Haas beruhigt seine Kunden dann, sagt, »lassen Sie die Eier ein paar Tage im Kühlschrank stehen, dann ist die Qualität optimal. Ein Ei braucht vier, fünf Tage, um zu reifen«.

Die Kunden schätzen das Einkaufen rund um die Uhr – so sehr, dass Haas das Häuschen erweitern und noch mehr Automaten aufstellen will. Für Nudeln und Kartoffeln zum Beispiel, Grillfleisch vielleicht oder Getränke. Eine 24/7-Hofladen-Filiale sozusagen. *(Fotos: AR)*

Schon die Eltern von Werner Haas setzten auf die Eier. Er und seine Frau Susanne haben den Verkauf jetzt professionalisiert: Im Laden gibt es nicht nur Eier und hausgemachten Eierlikör, sondern auch Produkte von befreundeten Bauern aus Südtirol.

Eierlikör

Selbst gemachten Eierlikör verschenkte Susanne Haas gerne zu Weihnachten. Schon zu Zeiten, als sie ihren späteren Mann noch gar nicht kannte.

Zutaten für etwa 800 ml

8 Eigelb
200 g Zucker
250 g Sahne
250 ml Doppelkorn
1 Pckg. Vanillezucker
80 ml Rum

Zubereitung

Alle Zutaten miteinander verrühren. Dann acht Minuten weiterrühren und dabei auf 70° C erhitzen (geht gut im Thermomix). Wer keinen Thermomix hat, kann das im Topf machen, braucht aber idealerweise ein Kochthermometer. Die Masse darf auf keinen Fall kochen, da sonst Eier und Sahne stocken und der Alkohol verdampft.

Flaschen sterilisieren oder mit kochend heißem Wasser ausspülen und den Eierlikör abfüllen.

Geöffnet hält sich der Eierlikör im Kühlschrank etwa drei bis vier Monate.

Tipp

Aus dem Eiklar können Sie weißes Spiegelei braten – ohne Eigelb. Oder in der Weihnachtszeit Makronen backen.

20 Vol. %
Inhalt: 0,5 l
Gut schütteln
Nach dem Öffnen kühl lagern
L 05 /20
Familie Haas, Perchtinger Straße 7
82229 Unering, Tel.: 08153/1220
Hausgemachter Eierlikör
20 Vol. %
Inhalt: 0,35 l
Gut schütteln
Nach dem Öffnen kühl lagern
L 04 /20
Familie Haas, Perchtinger Straße 7
82229 Unering, Tel.: 08153/1220

Atelier Minow

Der Goldschmied Ulf Minow findet, man habe nie ausgelernt

Die Ideen kommen Ulf Minow oft abends in jenem Zwischenstadium zwischen Wachsein und Einschlafen. Da fällt ihm beispielsweise ein, in welcher Reihenfolge er ein Schmuckstück löten muss, damit es nicht zusammenfällt. Oder er hat ein Bild vor Augen, eine Form, eine grafische Darstellung, bei der noch unklar ist, ob es ein Ring oder ein Kettenanhänger wird.

Fast ein bisschen versteckt liegt die Werkstatt des Goldschmieds im Schloss Seefeld, das seit Mitte des 15. Jahrhunderts im Familienbesitz der Grafen zu Toerring-Jettenbach ist. Wer zu Minow will, lässt den weitläufigen Schlosshof mit dem Bräustüberl, dem Kino und den Ateliers und Boutiquen rechts liegen und wendet sich auf die Südseite des Schlosses. Dort, fast am Ende des Gebäudes, unweit des gräflichen Schlossgartens hat sich der Goldschmied eingerichtet. In den Glasvitrinen baumeln Ohrhänger mit länglichen Steinen, liegen schmale silberne Armspangen, goldene Ringe mit Brillanten, schlichte Ketten und Manschettenknöpfe. Manches bewacht von Tieren. Einem bronzenen Bären, einer Schildkröte, einem stehenden Frosch, einer Krähe, einem winzigen silbernen Trio aus Bär, Schwein und Katze.

Die Tiere sind, wenn man so will, ein Relikt aus jener Zeit, da Ulf Minow noch auf der Suche nach dem richtigen Beruf fürs Leben war. Bereits als Schüler wollte er einmal eine Arbeit ausüben, bei der er per Hand schöne Gebrauchsgegenstände herstellen würde. Als er einmal aus reiner Freude eine Schale aus Holz schnitzte und Stunden daran saß, merkte er, dass keiner diese stundenlange Arbeit zahlen würde und es schwer wäre, von diesem Handwerk zu leben. So wählte Minow den Beruf des Orthopädiemechanikers. Er arbeitete mit den Händen, stellte Gegenstände für den Menschen her. Zu seinem Nutzen. In seiner Freizeit stellte er Gegenstände für den Menschen her, zu seinem Gefallen. Die kleinen Bronzetiere, dazu Schmuck: Armreife und Broschen. Gefertigt aus den Metallabfällen der Orthopädiemechanik – aus Edelstahl oder Tombak, einem weichen Messing. Die Schmuckstücke verschenkte Minow oder verkaufte sie auf Märkten.

ATELIER MINOW

Ulf Minow • Schlosshof 7 c • 82229 Seefeld • Tel.: 08152/98 04 69
www.atelier-minow.de • Öffnungszeiten: Di, Mi, Fr 11–18 Uhr,
Sa 11–16 Uhr und nach Vereinbarung

Ulf Minows Tipp:

Im *Bräustüberl* von Schloss Seefeld essen und Richtung Widdersberg oder weiter nach Andechs wandern. Der Weg beginnt gleich am Schloss, von Minows Atelier aus gesehen ganz links.

»Das Anrichten der orthopädischen Bänder«, sagt der Goldschmied, »hat mich letztlich zu den Armbändern gebracht.« Als Orthopädiemechaniker musste er Armschienen abmessen und anfertigen, mit Haltebändern aus Metall, die dann mit Leder überzogen wurden. Als er während seiner Gesellenzeit arbeitslos wurde, beschloss Minow, eine zweite Lehre draufzusetzen, diesmal als Goldschmied. Seine Lehrjahre absolvierte er in Herrsching, danach arbeitete er für verschiedene Manufakturen in München. 1996 machte Ulf Minow seinen Meister, reparierte und fertigte im Auftrag anderer Goldschmiede: vieles vor Ort in deren Ateliers, vieles zu Hause in der eigenen Wohnung. Bis er sich 1997 eine eigene Werkstatt suchte und auf gut Glück im Schloss Seefeld anrief, ob dort ein Raum zu mieten sei. Inzwischen ist er einer der langjährigsten Mieter.

Mit den Bronzetieren begann Minow, weil er die bildhauerische Herausforderung suchte. Er formt die Tiere aus Wachs, fertigt dann von ihnen eine Gipsform an, schmilzt das Wachs aus und gießt die Form mit Bronze aus. Auch manche silberne Kettenanhänger fertigt er nach diesem Gussverfahren: Er nimmt Abdrücke von Muscheln oder Schnecken oder modelliert eine Mini-Peperoni oder eine Sonne. Davon fertigt er Gipsformen an und gießt sie mit Silber aus. Mit welchem Material er arbeite, sagt der Goldschmied, hänge davon ab, welchen Effekt er erzielen wolle. »Es gibt Dinge, die in Silber gut aussehen, aber in Gold kitschig wären.«

Natürlich fertigt er auf Wunsch auch das, was die Kunden wollen, oder repariert oder arbeitet alte Erbstücke um. Aber am liebsten entwirft er Schmuckstücke nach eigenen Ideen.

Anfangs arbeitete er nur mit Metallen, später kamen Steine und Perlen dazu, auch anderes Material wie Ebenholz. Erst entwarf er ganz geradlinige Formen, dann gab es eine Phase, in der er sich von Pflanzen inspirieren ließ, darauf folgte die Zeit der organisch wirkenden Oberflächen: bucklig, wellig, naturgegeben.

Manchmal inspiriert ihn ein Insektenflügel, den er beim Spazierengehen findet, zu einem Ohrhänger. Manchmal inspiriert ihn ein anderer Mensch, und er formt ein Schmuckstück, das ihm für den anderen passend scheint. Und manchmal entsprechen seine Schmuckstücke wirklich dem Klischee »der Künstler lässt in seinen Werken seine Seele sprechen«.

Es gibt Zeiten, da fragt Minow sich: »Was soll ich als Nächstes machen?« Es gibt Zeiten, in denen die Ideen sprudeln. Es gibt Zeiten, da findet er seine Entwürfe flach und oberflächlich und sagt, er müsse wieder mehr künstlerische Tiefe erreichen. »Ich befinde mich in einer Entwicklung, ich bin ein Lernender«, sagt Minow, auch jetzt noch, Jahrzehnte nach seiner Lehre. Sicher aber ist: »Da ist der Wille, dass ich das, was ich gerade mache, mit größtmöglicher Liebe und Hingabe mache.«

Auf seiner Werkbank stehen Bohrer, Fräsen, Feilen. Neben und hinter ihm eine Blech- und Drahtwalze, Schleif- und Poliermaschine, Ultraschallreiniger und inmitten all der Werkzeuge ein Notenständer und eine Gitarre. Drei Tage vor seinem 49. Geburtstag anno 2013 kaufte sich Ulf Minow das Instrument, inzwischen hat er zwei davon. Eine Gitarre zu Hause, eine im Laden neben der Werkbank. Hier spielt und übt er,

wenn er Zeit und Lust dazu hat. »Das Gitarrespielen hat im Kopf was ausgelöst«, sagt Minow. »Durch die Musik habe ich jetzt Ideen von anderer Qualität.« Sogar tagsüber.

Der Goldschmied Ulf Minow ist einer der langjährigsten Mieter in Schloss Seefeld. Er schmiedet Ringe, Ketten, Armbänder und Ohrschmuck und gießt kleine Bronzetiere. Auch Kettenanhänger fertigt er gelegentlich nach diesem Gussverfahren.

Starnberger See

Heimeran Manufaktur

Manuela Pecoraro rettet die Vergangenheit

Alles begann mit dieser Schatzkiste aus dunkelbraunem Mahagoni: Sie stand auf einem zurückgelassenen Tisch im leer geräumten Haus im Starnberger Prinzenweg. Ein letztes Mal war Manuela Pecoraro in das Haus ihrer Großeltern Margrit und Ernst Heimeran gegangen; Jahre nach deren Tod sollte es endlich verkauft werden. Das Haus war für Pecoraro, die in der Schweiz aufwuchs, ein Stück Heimat, ihre Sommerferien hatte sie jedes Jahr dort verbracht. Zu jedem Möbelstück, zu jeder Tasse, zu jedem Bild hatte ihre Großmutter eine Geschichte zu erzählen. »Es berührt mich, wenn Dinge eine Geschichte haben und man diese spürt«, sagt Manuela Pecoraro.

Auch die Mahagoni-Kiste steckte voller Geschichte und Geschichten: Postkarten, Briefe, Menükarten, Telegramme und Chroniken erzählten aus längst vergangenen Leben. Von Tanzabenden der Urgroßtante, vom Leben des Großvaters Ernst Heimeran, der 1922 in München den Heimeran-Verlag gegründet hatte. Eine Mappe mit Gepäckcoupons, Visitenkarten, Dinnerkarten: Zeugnisse von der Weltreise des Großonkels 1930. Wer die Kiste dort hingestellt hat, wo sie all die Jahre war – niemand aus der Familie konnte das sagen.

»Das war ein hochmagischer Moment, als ich die Kiste geöffnet habe«, erinnert sich Manuela Pecoraro. Diese Handschriften, die filigranen, schmucken Ränder der Postkarten, die Stempel der Fotoateliers auf den Rückseiten der Fotografien: Details auf Alltäglichem, die man heute nirgends mehr findet. Und die Manuela Pecoraro genau deswegen faszinieren: »Ich finde es schön, wie viel Zeit und Wertschätzung man dem Handwerk und den Alltagsgegenständen früher gewidmet hat.«

Manuela Pecoraro digitalisierte diese Schätze, scannte und sortierte und begann mit ihnen zu arbeiten. Das Alte bewahren und gleichzeitig verwandeln ist ihr Anliegen. »So kann ich der Mühe von früher eine Wertschätzung geben.« Mal ist es eine Ansichtskarte einer Badenden, die als Applikation auf einem Kissen oder Kulturbeutel landet. Mal ist es das Telegramm der Urgroßeltern an den Großonkel, das Bestandteil

HEIMERAN MANUFAKTUR
Manuela Pecoraro • Waxensteinstraße 36 • 82319 Starnberg
Tel.: 0170/903 74 06 • www.heimeran-manufaktur.de
Instagram: @heimeranmanufaktur • Termine nach Vereinbarung

Manuela Pecoraros Tipp:

Erst in Söcking die Kirche St. Stephan besichtigen (Bismarckstraße 4, 82319 Starnberg) und den Ausblick genießen, dann die kleinen Kunstwerke aus dem Café *Süßer Zauber* um die Ecke (Andechser Straße 33, 82319 Starnberg).

einer Weihnachtskarte wird. Mal das 50er-Jahre-Cover eines Heimeran-Buches, das ein Kosmetiktäschchen schmückt. Die passende Technik hat sich die Heimeran-Enkelin selbst beigebracht: Mal druckt sie das Zitat oder das Foto auf Stoff und näht es auf Kissen oder Kulturbeutel, mal kopiert sie es auf cremefarbenes Papier, sodass der Vintage-Look erhalten bleibt und das Motiv zur Komposition passt.

Jede Grußkarte, jedes Kissen ist ein kleines Kunstwerk, geklebt, geschnitten, gedruckt, gestempelt, jede Collage durchdacht arrangiert und komponiert, jedes Stück mit einer Liebe und Detailversessenheit gestaltet, mit Spitzen und Borten verziert, mit passenden Schriften und Motiven versehen. Lauter kleine Schätze, die Vergangenes in die Gegenwart holen.

Den Blick fürs Detail und den Bildaufbau schärfte ihr Job als Redakteurin bei *Mona Lisa*, den Manuela Pecoraro 1993 nach einem Studium der Amerikanistik und Deutschen Literatur begann: »25 Jahre Fernsehen – das ist eine gute Schule, um über Bilder nachzudenken, Bilder zu beurteilen. Wie finde ich die visuelle Metapher? Wie entwickle ich ein Bild?«

Die Manufaktur war anfangs ein Hobby, neben dem Redaktionsjob. Als die Sendung 2017 eingestellt wurde, hatte sie Zeit, ihre Manufaktur auszubauen. »Journalistische Arbeit ist etwas für den Kopf. Sie hat mich nicht immer durch und durch erfüllt und glücklich gemacht wie das kreative Arbeiten. Wenn ich die

Wahl hatte zwischen Schreibmaschine oder Nähmaschine, habe ich mich für die Nähmaschine entschieden.«

Ihre Werkstatt im Erdgeschoss des Wohnhauses ist selbst eine kleine Schatzkammer: Dutzende sorgfältig aus einem alten Zoologie-Buch ausgeschnittene Schwarz-Weiß-Lithografien liegen in Kästchen sortiert auf dem Arbeitstisch, Vögel, Fische, Pflanzen, fein und detailliert gezeichnet. »Das sind so Geschöpfe, da spürt man, dass sie Teil der Schöpfung sind.«

In Setzkästen reihen sich Stempel an Stempel, große, kleine, mit Schriften, mit filigranen Farnen oder Glühbirnen: An kleinen Haken hängen Borten und Bänder, Spitzen und Schleifen, auf dem Boden stapeln sich alte Lederkoffer voller Material und fertiger Werke, im Regal hinter dem Arbeitstisch stehen die Bände aus der Druckerei des Großvaters: »Wenn ich diese Büchelchen angucke, dann spüre ich den guten Geist. Sie sind so liebevoll gemacht.« In den Fächern daneben alte Wörterbücher und Lexika, Flohmarktfunde, die kein Mensch mehr liest, die aber in ihrer Typografie, ihrer Gestaltung und ihrem Layout so wunderbar sind, dass sie es wert sind, gesehen und gezeigt zu werden. »Material«, sagt Manuela Pecoraro, das sie irgendwann nutzen wird. Und ja, aus dem sie ausschneiden wird. »Jahrelang habe ich nur mit Kopien gearbeitet, ich hatte Scheu ein Buch zu zerschneiden. Aber wenn die Bücher tot in der Ecke liegen und niemand sie liest – was hat das für einen Sinn? Entweder sie verstauben oder ich verwandle sie. Sie bekommen ein neues Leben.«

So rettet sie das Gestern ins Heute. »Es entsteht eine Verbindung durch die Zeit, eine Verbindung der Liebe. Das hat für mich etwas Wärmendes.«

Für ihre aufwendigen Postkarten, Kissen und Kulturbeutel verwendet Manuela Pecoraro Erinnerungsstücke vergangener Zeiten. Viele Schätze stammen aus dem Nachlass ihrer Vorfahren. Oder aus alten Büchern, wie die tierischen Schwarz-Weiß-Lithografien.

Assenhauserhof

Johanna und Simon Mair achten auf das Gleichgewicht ihres Hofs

Um zu erklären, wie auf dem Assenhauserhof alles mit allem zusammenhängt, benutzt Simon Mair ein schönes Bild. Er sagt: »Ich kann doch nicht sagen, was die Lunge macht, ist toll, die machen wir jetzt dreimal so groß. Das sprengt ja dann den ganzen Organismus und bringt ihn ins Ungleichgewicht.« So ähnlich funktioniert auch der Organismus des Assenhauserhofs. Es gibt zwölf Milchkühe und deren Milch ist genug, um daraus den Käse für den Verkauf zu machen. Die Molke, die vom Käsen übrig bleibt, reicht genau, um drei Schweine satt zu bekommen, da müssen Mairs kein Getreide zufüttern. Es gibt fast sieben Hektar Wiesen und Weiden, genug Gras, um davon die Kühe zu füttern. Und der Mist des Viehs reicht genau, um die eigenen Felder zu düngen. Der Hof als geschlossener Kreislauf, zu dem nicht zugekauft werden muss. Alles im Gleichgewicht.

Mit dem ökologischen Gedanken ist Simon Mair groß geworden, sein Vater setzte auf dem Assenhauserhof schon 1970 komplett auf biologische Landwirtschaft. Zu einer Zeit, als man Biolandwirte noch belächelte. Simon Mair sagt: »Ich bin mit dem Lebensgefühl aufgewachsen, dass bei uns alles ein bisserl anders ist.«

Mair kultivierte das Anderssein, trug Strohhut oder selbst genähte Kappen, ging auf eine andere Schule als die meisten anderen Kinder aus dem Dorf, die Montessorischule. Danach machte er eine landwirtschaftliche Lehre und besuchte die Öko-Meisterschule in Landshut.

Seine Frau Johanna, aufgewachsen im Siegerland, hat »die Liebe zum Leben auf einem Hof« während eines Schülerpraktikums in der neunten Klasse gepackt: »Da habe ich gemerkt, wie gut mir das tut.« Nach dem Abitur suchte sie sich in Süddeutschland eine Lehrstelle als Gärtnerin und fand diese in Münsing bei der *Schlossgärtnerei Weidenkam*. Von einem Auslandsaufenthalt in Südfrankreich kannte sie Simon Mairs Schwester: So kam es, dass sie bei ihm fragte, ob sie auf seinem Hof ein Melkpraktikum machen könne. Als Vorbereitung auf einen Sommer auf einer Alm. Statt auf die Alm zog Johanna Mair dann auf den Assenhauserhof.

ASSENHAUSERHOF
Kirchplatz 1 • 82335 Berg, Ortsteil Farchach • Tel.: 08151/511 43
www.demeter.de/users/10016 • Öffnungszeiten Mi 8.30–12 Uhr,
Fr 14.30–18 Uhr und Sa 8.30–12 Uhr

J. & S. Mairs Tipp:

Spaziergang zur Anna-Kapelle (Bärleitenweg, 82335 Berg). Vom Hofladen weiter über den Berger Weg, durch das Halsbachtal, ein Stück durch den Wald die leichte Anhöhe hinauf zur Anna-Kapelle. Einen wunderschönen Blick auf den See hat, wer dann noch ein Stück die Lindenallee Richtung Aufkirchen geht. Über die Grabenfelder zurück nach Farchach.

Schon damals verkauften Mairs Eltern dort Milch, Topfen, Brot, Kartoffeln und gelbe Rüben aus der Küche raus. Als das Paar 2002 den Hof übernahm, wollte es den Organismus Hof zu einem runden Ganzen machen. »Für mich riecht es auf einem Hof nach frischem Brot, nach frischem Käse. Es gibt einen Hofladen und Kultur«, beschreibt Simon Mair seine Vision. Diese Idee wollte er greifbar, riech- und fühlbar machen. Seit 2009 gibt es die Käserei, fünf Jahre lang verkauften Mairs ihre Waren direkt aus dem kleinen Raum neben der Käserei heraus, Brote lagen in Körben, Nudeln stapelten sich auf einem Regalbrett, das Gemüse auf einer Bank, »das war abenteuerlich«. Klein und eng. Im November 2014 eröffnete das Paar seinen eigenen Hofladen. Mit Café, weil Johanna Mair »einen Begegnungsraum schaffen« wollte, für die Farchacher Kunden, die nach dem Einkauf immer auf dem Hof rumstanden und ratschten, für die Familie selbst. Denn: »Ein Café hat was mit Genuss und Leichtigkeit zu tun.« Und ihr Mann ergänzt: »Ich liebe es, wenn ich mit den Gummistiefeln vom Stall auf den Acker gehe, wo alles ganz ursprünglich und bäuerlich ist. Und wenn ich dann ein paar Minuten später mit der Schürze im Laden stehe und Cappuccino koche. Ich finde das schön, wenn sich die Lebensfelder verbinden.«

Im Laden und Café spielt jetzt die Musik – im Wortsinne. Simon Mairs Vater macht hier mit seinen Freunden Musik, die Kinder erhalten hier Musikunterricht. Es wird getanzt oder mal ein kleiner Kinoabend veranstaltet. Das Café ist zu einem Treffpunkt im Dorf geworden, jeden Freitagnachmittag sitzen hier Bauern und Handwerker zusammen.

Die Kuchen fürs Café, die Waren im Laden stammen fast alle aus dem Dorf oder aus der Umgebung: »Alles, was es hier gibt, ist von Menschen gemacht, die ich persönlich kenne und deren Arbeit ich schätze«, sagt Johanna Mair. Die zwei Hauptlieferanten sind aus dem Ort: Von *Löfflerhof* und *Pflegerhof* kommen Nudeln, Brot, Sirup, Marmeladen, Eier, Sonnenblumenöl. Johanna Mair baut für den Verkauf inzwischen auch Zwiebeln an, Salat, Bohnen, Kürbis, Lauch, Kräuter, Blumen. Auch Ziegen holte sie sich auf den Hof, »weil ich vor Kühen einen gewissen Respekt hatte«. Jetzt gibt es auch Ziegenmilch und Ziegenkäse.

Mit der eigenen Käserei hat sich auch das Käseangebot vergrößert: Gab es früher nur Topfen und Frischkäse, können Mairs jetzt auch Käse fertigen, die reifen können. Ein genauer Wochenplan gibt vor, wann der Camembert angesetzt wird, wann der Bergkäse, wann der Schnittkäse. Wann Joghurt, Topfen, Feta und Butter. Simon Mair besuchte einen Käsekurs, und jeden neuen Käse, den sie ausprobieren, lassen sie sich von einem Fachmann genau zeigen.

Der Hofladen mit seinem Café ist ein beliebter Treffpunkt im Dorf. Die Waren stammen vom eigenen Hof und von Bauern aus der Umgebung. »Alles, was es hier gibt, ist von Menschen gemacht, die ich persönlich kenne«, sagt Johanna Mair.

Ein riesiger Käsekessel steht in der Ecke, dort wird die Milch auf 32 Grad erwärmt. Pro Kilo Käse etwa zehn Liter Milch. Dann kommen Milchsäurebakterien dazu und das Gemisch muss eine halbe Stunde reifen. Danach geben Mairs das Lab dazu. Um acht Uhr morgens, dann wird gefrühstückt, genau eine halbe Stunde ist dafür Zeit, um acht Uhr dreißig muss der Schnittkäse weiter bearbeitet werden. Jetzt ist die Masse eingedickt, wie ein stichfester Joghurt, und wird mit einer Käseharfe geschnitten, einer Art Eierschneider mit Griff. Die scharfen Drähte teilen die Masse in immer kleinere Würfel, bis die Stücke nur noch kirschkerngroß sind. Die Bröckchen werden nicht nur immer kleiner, sondern auch immer fester, denn mit jedem Schnitt tritt mehr gelbe Molke aus. Maximal 10 Minuten darf das Zerkleinern dauern. Dann wird gerührt, eine Stunde lang, die Stückchen müssen permanent in Schwebe gehalten werden bevor sie in eine Käseform gefüllt werden. Und dann wird der Laib mehrfach gewendet, nach einem festen Rhythmus.

Am nächsten Tag darf der Käse dreieinhalb Stunden in ein Salzbad, für Haltbarkeit und den Geschmack, dann ist er reif fürs Brett. Drei Wochen reift der Schnittkäse hier, der Bergkäse drei Monate, der Camembert zehn Tage. Jeden Tag steht Käsepflege an, die gelben Laibe müssen regelmäßig mit Salzwasser abgebürstet und gewendet werden. Ungefähr 100 Liter Milch braucht es für einen Acht-Kilo-Laib Bergkäse, 10 Liter für einen Ein-Kilo-Laib Schnittkäse.

Zu kaufen gibt es den Mair'schen Käse nur auf dem Assenhauserhof, auch wenn der ein oder andere Bioladen schon angefragt hat, ob er nicht Käse aus Farchach beziehen und weiterverkaufen könne. Aber dafür bräuchten Mairs mehr Kühe, mehr Ziegen. Mehr Grasland und mehr Schweine, die die Molke trinken. Sonst funktioniert der Organismus ja nicht.

Der Organismus des Assenhauser Hofs funktioniert wie ein geschlossener Kreislauf: Aus der Milch der zwölf Kühe stellen Simon und Johanna Mair Camembert, Berg- und Schnittkäse her, die Molke bekommen die Schweine. So bleibt alles im Gleichgewicht.

Assenhauser Käsekuchen

Der Klassiker des Cafés. Johanna Mair nimmt natürlich nur den selbst gemachten Topfen, eigenes Dinkelmehl und die Eier der eigenen Hühner oder des Nachbarn.

Zutaten für den Mürbeteig
(für eine Backform mit 30 cm Durchmesser)
150 g Butter plus etwas Butter für die Form
100 g Rohrohrzucker
300 g Dinkelvollkornmehl
1 Ei

Zutaten für die Füllung
1,2 kg Topfen
5 Eier
200 g Rohrohrzucker
1 Prise echte Vanille
1 TL frisch geriebene Zitronenschale

Zubereitung
Für den Mürbeteig Butter, Zucker, Mehl und Ei mit den Händen in einer großen Schüssel kneten und glatt arbeiten.

Für die Füllung Topfen, Eier, Zucker, Vanille und Zitronenschale mit dem Rührgerät verrühren.

Ofen auf 175 °C vorheizen.

Eine Springform mit 30 cm Durchmesser mit Backpapier auslegen, den Rand mit etwas Butter einfetten. Jetzt die Springform mit dem Mürbeteig auslegen, dabei einen Rand von etwa 3 cm hochziehen. Die Topfenmasse einfüllen und den Kuchen in den vorgeheizten Ofen schieben.

Etwa eine Stunde bei 175 °C backen.

Anna Hössle

Die Papierlampendesignerin experimentiert mit der Farbe Weiß

Wer Anna Hössles Werkstatt betritt, taucht ein in eine weiße Welt: Wie Wolken schweben die linsenförmigen Lampenschirme unter der Decke. Manche mit einem winzigen Lochmuster versehen, andere mit einem roten Streifen, wieder andere mit olivgrünen Punkten oder blattförmigem Muster. Dazwischen schaukeln filigrane Mobiles im Luftzug, hängen geometrisch gefaltete Lampenschirme, die an lange Lampions erinnern. An den Wänden runde und eckige Deckenlampen, auf Werkbänken kleine Tischlampen, an denen das Papier kaskadenförmig hinabfällt.

Es war eine Kopfentscheidung, die Anna Hössle zum Papier führte. Aufgewachsen in einer Familie voller Künstler und Handwerker, »habe ich ein Material gesucht, das in der Familie noch nicht vorkam«. Der Vater Silberschmied, die Mutter Goldschmiedin, ein Bruder Schreiner, eine Schwester Textildesignerin, die andere Holzbildhauerin. Also Papier. Also Buchbinderin. Nach ihrer Lehre in Österreich machte sich Hössle Ende der 70er-Jahre mit einer Freundin in München selbstständig. Einer der ersten Aufträge kam von einem Antiquar: Er bestellte mit Ochsenblut gefärbtes Papier, mit dem er seine Regale auslegen wollte, um Ungeziefer fernzuhalten. So kam es, dass Anna Hössle und ihre Freundin begannen Papier zu färben, zu marmorieren, daraus Papierkörbe, Mappen und Schachteln herstellten und damit ihren Lebensunterhalt verdienten.

Und dann kam der Auftrag, einen Lampenschirm aus Papier zu bauen, flach sollte er sein und aus weißgelblichem Papier. Licht, Lampen und Papier: »Das war ein spannendes neues Thema«, sagt die Buchbinderin. »Ich habe angefangen zu experimentieren: verschieden strukturierte Papiere genommen, Papiere übereinander gelegt und ausprobiert, wie sie erstrahlen, wenn man sie ins Licht hält.«

Die Ideen für die Muster schenkt ihr oft die Natur: die Dolden des Holunders vor ihrem Werkstattfenster. Die kleinen Luftbläschen, die auf dem Wasser wie Inseln vorbeiziehen. »Ich möchte dann diese Luftblaseninseln hinbekommen und es entstehen die Ansammlungen kleiner Punkte.« Mit Stanzeisen und Rundschneidern trotzt Anna Hössle dem Japanpapier die

PAPIERLAMPEN ANNA HÖSSLE
Obermarkt 33 • 82515 Wolfratshausen • Tel.: 08171/174 23
www.papierlampen-annahoessle.de • Termine nach Vereinbarung

Anna Hössles Tipp:

Am Loisach-Isar-Kanal entlang bis Beuerberg radeln, dort das Museum und Café im Kloster besuchen (Klosterstraße 2, 82547 Eurasburg). Von Hössles Werkstatt aus geht es an der Loisach entlang; ab dem Ortsteil Gelting am Kanal weiterfahren.

kleinen Kreise und winzigen Löcher ab. Für größere Muster verwendet sie selbst gemachte Pappschablonen. Mit Gold- oder Silberstiften malt sie die Konturen oder die feinen Ränder der winzigen Löcher nach. Die ruhige Hand ist ihr gegeben: »Ich arbeite oft im Halb-Millimeter-Bereich. Etwas frei von der Leber weg auf ein Blatt Papier zu werfen, fällt mir schwer.«

Wenn der Bedarf nach Lampenlicht weniger groß ist als im Herbst und Winter, baut Anna Hössle ihre Mobiles: weiße, ausfransende Papierknäuel mit schwarzem Rand symbolisieren eine Explosion. Bunte Kreise, weiße Quadrate drehen sich an den Nylonfäden. Auch hier spielt sie mit dem Licht, den Farbunterschieden von hellem und dunklerem Weiß, von gelblichem Licht und unterschiedlich großen farbigen Punkten.

»Das ist das Faszinierende an meinem Beruf«, sagt Hössle, »wenn ich die Papiere schichte oder Farben dazunehme, kann ich die Schattierungen verändern.« Und wenn sie dann die eine, richtige Kombination aus Muster und Form findet, ist das ein perfekter Moment. Wenn sie mehrere Punkte übereinanderklebt, und es aussieht, als verschwänden die Punkte in der Tiefe. Wenn sie drei Papiere übereinanderstülpt, wie aufgebrochene Eierschalen, und die äußerste Schicht am dunkelsten bleibt: »Das gibt eine Ausstrahlung von Weichheit, die mir sehr gefällt.« Die Kopfentscheidung Papier war wohl doch eine Entscheidung des Herzens. Ist ihr ein Lichtobjekt besonders gut gelungen, behält Anna Hössle es erst mal in der Werkstatt und hängt es in den weißen Papierhimmel. »Denn wenn ich es in den Laden gebe, ist es weg.« Seit jeher hat sie in München mit Freundinnen und Kolleginnen einen Laden gemietet, in dem jede ihre selbst gemachten Werke verkauft. Das Quartett im *artisan37* in der Pariser Straße besteht derzeit neben Anna Hössle aus einer Modedesignerin, einer Glasschmuckdesignerin und einer Keramikerin.

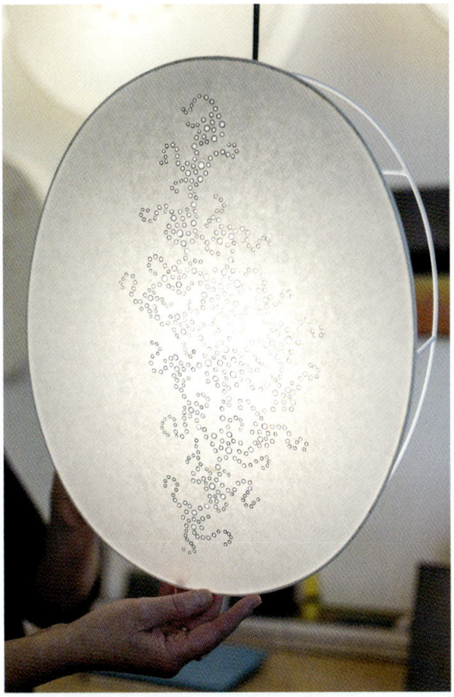

Papier und Keramik: Diese Kombination gibt es auch in Wolfratshausen. Seit 1994 teilt sich Anna Hössle die Räume der ehemaligen Druckerei und Buchbinderei im Zentrum der Stadt mit ihrer Schulfreundin Tina Pause. Diese töpfert hier ihre Tassen, Teller, Krüge, Vasen und Brotdosen – die hölzernen Deckel dafür hat Pauses Mann Ulrich Panick geschnitzt, ein Steinmetz und Bildhauer. Vor allem Geschirr dreht Tina Pause auf ihrer Töpferscheibe, »weil ich es schön finde, wenn man sich im Alltag mit schönen Dingen umgibt und sie benutzt«. Inzwischen gehören zu Pauses Kunden auch die Kinder ihrer Stammkunden: Die sind mit dem Keramikgeschirr groß geworden und wollen es jetzt im eigenen Haushalt ebenso haben. Und auch Tina Pauses Tochter Rosa macht manches wie ihre Eltern: Sie lernte Holzbildhauerei und studierte Keramikdesign. In der mütterlichen Werkstatt gibt es ihre filigranen Espressotassen und Müslischalen zu kaufen, auch die Vasen, die ein wenig an die gefalteten Lampenschirme von Anna Hössle erinnern. Das Papier und die Keramik, zwei gegensätzliche Welten, die sich doch ergänzen: Der harte Ton, das zarte Papier – beides zerbrechlich und fragil. Das türkise, rosa und schwarze Geschirr und die weißen Lampen – die Formen jeweils klar und geometrisch. Oder einfach hier wie da: schöne Dinge für einen schönen Alltag.

Die Räume der alten Druckerei und Buchbinderei mitten in Wolfratshausen teilt sich die Papierlampendesignerin Anna Hössle mit ihrer Schulfreundin Tina Pause, einer Keramikerin. Fragil sind sowohl die Papierlampen wie auch das Tongeschirr.

Christina Hofner

Die Trachtenliebhaberin hat ein Faible für Selbstgemachtes

Würde Christina Hofner nicht immer wieder sagen, »das probiere ich selbst«, wäre vieles anders gekommen in ihrem Leben. Da war die Sache mit den Frisuren: Wenn die Münsingerin als Jugendliche für Feste oder Auftritte mit der Blasmusik eine Frisur brauchte, die zum Dirndl passte, ging sie immer zu ihrer Tante, die ein Stockwerk höher wohnte und ein Händchen für Frisuren hatte. Irgendwann nervte es sie, wegen jeder Flechtfrisur ihre Tante fragen zu müssen. Also versuchte sie sich selbst an den geflochtenen Kunstwerken, übte an sich und ihrer Schwester und verpasste dann ihren Freundinnen festliche Hochsteckfrisuren für Hochzeiten und Taufen. Weil die Nachfrage zunahm, meldete sie ein Gewerbe an: Als Hairstylistin wollte sie ihren Kundinnen festliche Frisuren stecken und flechten. Und erfuhr dann, dass sie dafür eine abgeschlossene Friseurlehre samt Meister brauchen würde.

Stattdessen hatte Christina Hofner nach dem Abitur 2013 eine Lehre zur Bürokauffrau gemacht. Obwohl sie kreativ ist und geschickt mit den Händen. Friseurin hatte sie tatsächlich überlegt, dann aber verworfen, denn »ich wollte ja Frisuren stecken, nicht Haare schneiden und färben«.

So blieb das Flechten und Frisieren ein Hobby neben ihrem Job als Bürokauffrau. Als ihr eine Tante zu Weihnachten eine Cordonettblüte schenkte, eine zierliche Blüte aus silbernem Cordonettdraht und winzigen Perlen, die man ins Haar stecken konnte, sagte sich Christina Hofner wieder einmal: »Das probiere ich selbst.« Es gelang – und immer mehr Freundinnen und Verwandte fragten nach dem Haarschmuck. Auf dem Ochsenrennen 2016 in Münsing hatte Hofner ihren ersten Stand. Neben Cordonettblüten verkaufte sie dort auch selbst genähte Loopschals aus Trachtenstoffen. »Das ist so gut angekommen, dass ich dachte, ich probier das jetzt und baue das aus.« Auf dem Kirchweihmarkt im Freilichtmuseum Glentleiten verkaufte sie so erfolgreich, dass sie fortan einen Onlineshop betrieb, ihre Stelle als Bürokauffrau reduzierte und noch mehr Trachtenaccessoires produzierte.

HAIRGSTYLT – GWAND & HANDWERK

Christina Hofner • Hauptstraße 41 • 82541 Münsing • Tel.: 08177/7539928
www.hairgstylt.com • Instagram: hairgstylt_gwand_handwerk
Öffnungszeiten: Mi–Fr 9–12 Uhr und 14–18 Uhr, Sa 9–12 Uhr

Christina Hofners Tipp:

In einen schönen Biergarten gehen: Beim *Alten Wirt* in Höhenrain Schnitzel oder Zwiebelrostbraten essen (Wolfratshauser Straße 7, 82335 Berg).

Sie häkelte und strickte Stirnbänder: »Ich bin ein Stirnbandfan – ich mag keine Mützen, da ist die Frisur kaputt.« Eigentlich logisch.

Weil sie sich weiterbilden wollte, kündigte Christina Hofner ihren Job und machte an der IHK Akademie in Weilheim ihren »Wirtschaftsfachwirt«. Oft war da von Selbstständigkeit die Rede: »Da habe ich gedacht, das würde ich gerne ausprobieren. Ein Leben lang angestellt zu sein konnte ich mir noch nie so richtig vorstellen. Wenn nicht jetzt, wann dann?« Wie man einen Businessplan schreibt, hatte sie gerade gelernt. Und genäht hat sie schon immer gerne. Christina Hofner begann die Räume, in denen früher Großvaters Schreinerei war, zu renovieren und einen Laden einzurichten. Das war im Januar 2019 und Hofner gerade 24 Jahre alt. Acht Monate später konnte sie ihren Laden eröffnen. Statt sich, wie ursprünglich geplant, nur um das Haar ihrer Kundinnen zu kümmern, widmet sie sich ihnen jetzt von Kopf bis Fuß: Sie stattet diese mit Haarschmuck, Ketten und Ohrringen aus, mit Loopschals und Stirnbändern, mit Dirndl-Blusen, Trachtenröcken, -jacken und -schuhen. »Mir ist ganz wichtig, dass alles, was ich verkaufe, bei uns in der Region hergestellt wird. Da weiß ich, wo es herkommt und dass es über Jahre hält. Außerdem ist mir die regionale Zusammenarbeit wichtig. Dadurch wird die heimische Wirtschaft gestärkt und regionale Arbeitsplätze werden gesichert.«

Den Stoff für ihre Stirnbänder aus Jersey und Merinowolle lässt Christina Hofner von der

Handdruckerei *Gistl* in Gmund am Tegernsee bedrucken. Genäht werden sie in der eigenen Werkstatt in Münsing. Auch die meisten Trachtenröcke entstehen hier. Einige stammen auch von der Schlierseer Manufaktur *Gipfelgwand*, die Stoffe und Schnitte für die Kollektionen sucht Christina Hofner mit ihrem Team selbst aus. Die Stoffe dafür kommen von einer Weberei am Chiemsee. Einige der Herrenhemden stammen von *Viererspitz* in Mittenwald: »Der Inhaber erinnert mich mit seiner Leidenschaft an mich selbst«, sagt Christina Hofner. Die Trachtenjacken lässt sie in Niederbayern bei der Firma *Astrifa* stricken, die Schuhe bezieht sie aus der österreichischen Grenzregion von *Dirndl & Bua*. Nur Dirndl selbst hat sie bewusst keine im Laden: Schließlich will sie ihren zwei Cousinen in Münsing, die auf Kundenwunsch Dirndl schneidern, keine Konkurrenz machen. »So wie es ist, ergänzt es sich perfekt.«

Mit ihrem Sortiment ist Christina Hofner inzwischen auf allen großen Trachtenmärkten in der Region zu finden: auf der Glentleiten und dem Apfelmarkt in Bad Feilnbach, auf dem Reider Markt in Niklasreuth, dem Trachtenmarkt in Greding und auf Christkindlmärkten in der Region. Sie liebt die Marktwochenenden, aber am meisten Spaß macht ihr das Nähen, das Umsetzen kreativer Ideen. »Ich kann mir überlegen, was ins Sortiment kommt, und es dann so machen, wie ich möchte.« So wie die Ketten und Ohrringe. Irgendwo sah sie einmal diese Ohrhänger, ein winziges Stück geblümter Trachtenstoff hinter Glas. »Die haben mir gut gefallen – und ich dachte, das kann ich selbst machen.« Reste ihrer Dirndlstoffe hatte sie genug: »Ich hab mir dann für jedes Dirndl ein eigenes Schmuckset gemacht.« Zehn, zwölf Dirndl sind es bestimmt. Die meisten Röcke und Schürzen selbst genäht. Klar.

In Christina Hofners Familie ist es nicht ungewöhnlich, dass man handwerklich geschickt ist. Für ihr Label »hairgstylt« näht die Münsingerin Stirnbänder und fertigt Trachtenschmuck. Trachtenröcke, -jacken und -schuhe gibt es in ihrem Laden auch.

300 g

Einmachküche Schweizerhof

Irmgard Schmid mag die Begegnungen mit ihren Kunden

Manchmal braucht ein großer Traum nicht viel Platz: nämlich nur so viel wie vier Kühe. Sechzehn Quadratmeter misst der kleine Laden, den sich Irmgard Schmid im vorderen Teil des Kuhstalls eingerichtet hat. Hinter der Wand, an der jetzt Marmeladen, Chutneys, Sirupe und Liköre auf Käufer warten, leben immer noch Rinder: keine eigenen Milchkühe mehr, sondern Pensionsvieh.

Als Schmids im Jahr 2010 ihr eigenes Milchvieh aufgaben, weil es sich finanziell nicht mehr lohnte, sagte Irmgard Schmid: »Jetzt eröffne ich einen eigenen Laden. Und wenn es nur eine Spielerei ist. Man braucht doch Träume, die man verwirklichen kann.« Im Lebensmittelhandel in Ebenhausen hat die Münsingerin Einzelhandelskauffrau gelernt. Sie liebte das Verkaufen, die Begegnungen mit den Kunden. Dann heiratete sie, drei Kinder kamen, auf dem Hof war immer zu tun. Doch das Verkaufen fehlte Irmgard Schmid.

Ihre erste Anschaffung für die Einmachküche: ein neun Liter großer Topf für 600 Euro. »Schweineteuer«, sagt sie, »aber ich brauch ja einen gescheiten Topf, in dem nichts anbrennt.« Ein leerer Bauernschrank war der erste Verkaufstresen: Aber schnell war der zu klein, dazu kamen die Auflagen vom Gesundheitsamt. Wer Lebensmittel verarbeitet und verkauft, braucht eine eigene Produktionsküche. So trennten Mann und Sohn ein Stück vom Kuhstall ab, eine Tochter malte eine Borte an die Wand, der alte Bauernschrank zog in den Laden um. Nebenan entstand die Produktionsküche. Etwa einmal pro Woche verrührt Irmgard Schmid hier Früchte mit Gelierzucker, schneidet Gemüse für Chutneys, setzt Liköre an oder Sirup. Abgefüllt wird alles per Hand. Wie sonst? Irmgard Schmid sagt, sie müsse immer lachen, wenn sie in einer Werbung lese »handabgefüllt«. Als ob die Marmelade deshalb besser schmecke.

Obst und Gemüse kommen oft von Nachbarn, Bekannten und Verwandten. Ein Cousin

EINMACHKÜCHE SCHWEIZERHOF
Brunnenstraße 1 • 82541 Holzhausen am Starnberger See • Tel.: 08177/8400
Öffnungszeiten Mi–Sa 9–12 Uhr und 14.30–18 Uhr

Irmgard Schmids Tipp:

Die Maria-Dank-Kapelle auf der Degerndorfer Höhe: von der Brunnenstraße in den Höfertalweg einbiegen, am dritten Wegkreuz rechts abbiegen, nach etwa 400 Metern links in die Straße ohne Namen, dann nach 900 Metern wieder rechts in die namenlose Straße. Den See- und Gebirgsblick genießen.

ihres Mannes hat in Schwarzlehen in der Gemeinde Eurasburg einen großen Obstgarten und ist froh, wenn sie Zwetschgen, Brombeeren, Birnen und Reineclauden holt.

Als es 2018 so unglaublich viele Mirabellen gab, überlegte Irmgard Schmid, was sie noch damit anstellen könnte. »Mach ich halt mal einen Mirabellenessig«, dachte sie. Himbeeressig hatte sie bereits im Sortiment, jetzt kamen statt Himbeeren halt Mirabellen in den Sud. Das Chutney »Zucchini mexikanisch« kochte sie schon immer gern für die Familie. Liköre braute sie schon seit Jahren und verkaufte sie auf dem Weihnachtsbasar des Aktionskreises *Eine Welt Münsing*. Sie wandelt Rezepte ab, verfeinert, probiert Neues. Nur eine Sache kocht sie streng nach Rezept: Chutney aus grünen Tomaten. Denn das mag sie selbst nämlich gar nicht. »Aber wenn ich es genau nach Rezept mache, dann wird es den Kunden schon schmecken.«

Überhaupt die Kunden: Manche wundern sich, wenn es im April keine Himbeermarmelade mehr gibt. »Na ja«, sagt Irmgard Schmid dann, »die ist aus.« »Wie aus?« »Gibt's erst im Juli, August wieder«, antwortet Schmid dann, »da müssen Sie warten, bis die Himbeeren reif sind, die sind nicht das ganze Jahr verfügbar.« Immer wieder stellt sie fest: »Manche Leute wissen gar nicht mehr, wann die Saison für bestimmte Obst- oder Gemüsesorten ist. Die möchten das ganze Jahr Tomaten oder Weintrauben essen und wundern sich dann, wenn es nicht schmeckt.«

Manche Kunden schickt der Zufall: Wie jenen, der mit seinem Oldtimer und einem gebrochenen Auspuff vor dem Haus liegenblieb und fragte, ob Schmids nicht ein Stück Draht hätten, mit dem er den Auspuff hochbinden könne. Schmids Mann half beim Reparieren, der Autofahrer schickte seine Frau derweil zum Marmeladekaufen. Seither sind sie Stammkunden. Genau wie jene Touristen, die jedes Jahr wiederkommen, weil ein Besuch in der Einmachküche zum Urlaub dazugehört.

Eine Spielerei ist die Einmachküche längst nicht mehr. Etwa vierzig Sorten Marmelade umfasst Schmids Sortiment, dazu die Chutneys, Liköre und Essige. Ein paar Produkte hat sie im Angebot, die nicht von ihr sind: den Honig von Verwandten in Traunstein, die Postkarten, fotografiert von einer Nichte, die hausgemachten Eiernudeln vom *Zehmerhof* im Landkreis Ebersberg: »Das ist der schönste Hofladen, den ich kenne. Wenn ich da wohnen würde, würde ich sofort da arbeiten wollen.« Von dort bezieht sie auch die Orangen, die sie verarbeitet: Der Besitzer bekommt sie direkt von einem spanischen Orangenbauern.

Immer wieder fragen andere Hofläden und Geschäfte bei Irmgard Schmid an, ob sie nicht auch ihre Marmelade verkaufen dürften. »Aber ich sage immer Nein. Weil ich ja selbst einen Laden wollte und keine Produktionsstätte.« Es ist ja der Verkauf, der Kontakt mit den Menschen, den sie so liebt. Deshalb verschickt sie auch keine Ware: »Da sind so ein Zeitaufwand und so eine Logistik dahinter. Das ist nicht das, was ich will.«

In einer Chronik des Pfarrers Johann B. Jungmann über Holzhausen aus dem Jahr 1926 entdeckte sie, dass der fast 500 Jahre alte Schweizerhof einst *Kramer* hieß: »Hausname wohl vom Beruf des bzw. der Besitzer«, heißt es in der Chronik. Wie passend. *(Fotos: AR)*

Den Kontakt mit Kunden hat Einzelhandelskauffrau Irmgard Schmid lange vermisst. Als die Familie ihre Milchkühe weggab, richtete sie sich im ehemaligen Kuhstall einen Laden ein. Einmal pro Woche kocht sie jetzt Marmeladen, Chutneys und Liköre.

Fruchtaufstrich Zwetschge-Ingwer

Zwetschgen gehören zu Irmgard Schmids liebsten Früchten. Die Zwetschgen für ihre Marmeladen stammen aus dem großen Obstgarten des Cousins ihres Mannes.

Zutaten für etwa vier Gläser

1 kg Zwetschgen
100 g Ingwer
550 g Gelierzucker 2:1

Zubereitung

Die Zwetschgen waschen und entsteinen, dann die Früchte klein schneiden. Den Ingwer schälen und mit einem scharfen Messer in feine Würfel schneiden. Zwetschgen, Ingwer und Gelierzucker in einen hohen Topf geben und gut mischen. Der Topf sollte nur bis zur Hälfte gefüllt sein.

Inzwischen vier Gläser sterilisieren oder mit kochend heißem Wasser ausspülen und über Kopf auf ein sauberes Handtuch stellen.

Dann die Fruchtmasse unter Rühren zum Kochen bringen. Wenn sie sprudelnd kocht, alles noch vier Minuten weiterkochen lassen.

Danach den Schaum am besten mit einem Schaumlöffel abschöpfen. Die Marmelade heiß randvoll in die vorbereiteten Gläser füllen, sofort verschließen und einige Minuten auf den Kopf stellen.

Die Marmelade kühl und dunkel lagern, dann hält sie sich etwa zwei Jahre.

Fruchtaufstrich
Zwetschge-Ingwe
300 g
Fruchtaufstrich
Zwetschge-Ingwe
Zutaten:
etschgen (60%), Ingwer (6%), Zu
Geliermittel Pektin, Säuerungsmi
ensäure, Konservierungsstoff So
indestens haltbar bis 26.06.2
300 g
Einmachküche Schweizerho
Brunnenstr. 1, 82541 Holzhaus

Atelier MUIA

Elisabeth Kozlovs Festmode hält Hof

Die Zukunft von Elisabeth Kozlov begann mit der Vergangenheit: Mit einem Brautkleid im Empirestil, aus cremefarbener Wildseide, bestickt mit goldenem Bouillondraht und einer abnehmbaren Schleppe. Einem Krönchen und Handschuhen, extra angefertigten passenden Schuhen. Elisabeth Kozlov, die damals gerade vor der Abschlussprüfung an der Münchner Meisterschule für Mode stand, hatte das Gewand für die Zweihundertjahrfeier des Münchner Oktoberfests 2010 geschneidert. So originalgetreu wie möglich sollte das Fest nachgestellt werden, mit alten Fahrgeschäften, einem heiratswilligen Bayern und einer Sächsin im historischen Hochzeitsgewand. Schließlich war das Fest einst anlässlich der Hochzeit von Prinzregent Ludwig von Bayern und Prinzessin Therese von Sachsen-Hildburghausen im Oktober 1810 gefeiert worden. In doppelter Ausführung nähte Elisabeth Kozlov das Kostüm, schließlich hatte das Paar jede Menge Termine zu absolvieren. Die eigene Hochzeit inklusive. Danach schenkte ihr das Paar das Gewand.

Neue Kleider liebte die Schneiderin schon als Kind, wenn sie etwas Neues zum Anziehen bekam, war das etwas Besonderes, meist trug sie die Kleidung der großen Schwester. Als Elisabeth dreizehn Jahre alt war, nähte sie sich den ersten Wickelrock, die Oma half dabei. Dass sie Schneiderin werden wollte, war Elisabeth Kozlov lange schon klar. In Holzhausen am Starnberger See auf dem Muiahof aufgewachsen, machte sie eine Lehre zur Damenmaßschneiderin in Ebenhausen.

Sie blätterte gern in Zeitschriften wie *Bunte* und *Gala*: wegen der Braut- und Abendkleider, »die haben mich fasziniert«. Vor allem die des Münchner Modelabels *Talbot Runhof*. Nach der Lehre bewarb sich Elisabeth Kozlov dort um eine Stelle als Gesellin und tauchte ein in die große Welt der Mode: Mit einer Kollegin durfte sie nach Paris zu den Modeschauen reisen, im Auto die neue Kollektion, die auf dem Laufsteg gezeigt werden sollte: »Wir haben das Auto nicht aus den Augen gelassen, uns auf der Raststätte kaum auf Toilette getraut, solche Angst hatten wir, dass das Auto gestoh-

MUIA – ATELIER FÜR FEINE MASSARBEIT
Elisabeth Kozlov • Brunnenstraße 2 • 82541 Holzhausen am Starnberger See
Tel.: 08177/213 04 18 oder 0174/930 33 78 • www.atelier-muia.com
Termine nach Vereinbarung

len werden könnte.« Sie war bei den Castings dabei, wenn die Models ausgewählt wurden, wählte die passenden Outfits für sie, half ihnen beim Ankleiden, nähte die Kleider auf die Figur des Models passend, saugte den Catwalk, besorgte Blumen für Chefredakteurinnen und andere Ehrengäste, legte Nachtschichten ein, wenn ein Model von einem großen Modelabel abgeworben worden war und die Kleider für ein anderes angepasst werden mussten. »Wenn man da nicht stressresistent wird, lernt man es nicht mehr«, sagt die Holzhauserin. »Der ganze Rummel, das war mega. Ich war Anfang zwanzig und hatte ein großes Maß an Verantwortung.« Aber nach drei Jahren wollte Elisabeth Kozlov mehr lernen. Sie wollte herausfinden, was sie noch alles kann und mag. 2008 ging sie auf die Meisterschule für Mode nach München. Sie lernte Entwürfe zu zeichnen, Kollektionen zu gestalten, merkte aber, dass Design nicht ihr Weg sein würde: »Es fiel mir schwer, mich aus dem Pott an Ideen festzulegen. Lieber war mir, wenn ich ein Thema bekommen habe und daraus etwas kreieren konnte.« So wie das historische Hochzeitsgewand.

Nach Abschluss der Meisterschule machte sie sich selbstständig – auch deshalb, weil viele Firmen Absolventen häufig nur als Praktikanten einstellen: »Ich hatte aber so viel Berufserfahrung, da wollte ich nicht mehr die Zuträgerin sein.« Elisabeth Kozlov baute eine Garage auf dem elterlichen Hof in Holzhausen zum Atelier aus. Das Wiesn-Festkleid brachte die nächsten Aufträge: Eine Brautmodenfirma bat sie, eine Trachten-Brautkollektion zu entwerfen. Bekannte brachten Stoffe vorbei, aus denen sie Dirndl schneiderte. Für Braut- und Abendmode wählt sie gemeinsam mit ihren Kundinnen die Stoffe aus.

Schon als Kind wollte Elisabeth Kozlov Schneiderin werden. Nach Jahren bei bekannten Firmen machte sie sich mit Braut- und Festtagsmode selbständig. Ein ganz besonderer Auftrag war das Brautkleid zur Zweihundertjahrfeier des Münchner Oktoberfests.

Nebenbei bewarb sie sich bei verschiedenen Firmen um eine Festanstellung. 2011 ging Elisabeth Kozlov schließlich zu *Hugo Boss* nach Metzingen. Dort war sie sieben Jahre als Modellmacherin für Damenjacken und Mäntel beschäftigt. Sie übertrug die Modelle der Designer in Schnitte und Arbeitsschritte und durfte auf die Fashion Shows in New York. Dann war es wieder Zeit, Neues zu wagen – vor allem für ihren Mann, ebenfalls gelernter Schneider und später im Management von Boss: Das Paar zog zurück nach Holzhausen und übernahm 2019 den elterlichen Hof mit den dreißig Milchkühen. Morgens und abends ist Elisabeth Kozlov im Stall, tagsüber arbeitet sie bei *Trachtenmanufaktur Grasegger* in Garmisch und in ihrem Atelier.

Von der einen Welt in die andere sind es nur wenige Schritte: Einmal quer über den Hof. Das Stallgewand bestimmt ihr Leben auf der einen Hofseite, die Trachten-, Braut- und Abendkleider das auf der anderen. In ihrem Atelier liegen Stoffe, Pailletten und Spitzen. In der Kommode Korsagenstäbchen, Knöpfe, Garne. Entwürfe für ihre Roben zeichnet sie per Hand, dann wird abgemessen, zugeschnitten, gesteckt und genäht. Die Säume von Dirndlschürzen näht sie mit der Hand, Knopflöcher übernimmt manchmal ihr Mann, »dafür braucht man viel Zeit und Muße«. Etwa 30 bis 36 Stunden sitzt sie an einem Dirndl. Fast schon wenig im Vergleich zum historischen Brautkleid. Daran saß sie 120 Stunden. *(Fotos: AR)*

Elisabeth Kozlovs Tipp:

Von der Holzhauser Kirche St. Johann Baptist (Kirchbergstraße 10, 82541 Holzhausen) die alte Allee entlang nach Oberambach laufen, dort weiter nach Luigenkam bis zur kleinen Kapelle. Man hat immer Berg- oder Seeblick.

Hofbäckerei Derleder

Maria & Ludwig Derleder nehmen sich Zeit für ihr Brot

Das Brot gibt den Rhythmus der Woche vor. Jeden Mittwochabend setzt Maria Derleder die Vorteige für Roggenbrot, Bauernbrot, Vollkornbrot und Ciabatta mit Sauerteig an. Am Donnerstagvormittag heizt sie den Holzofen an, dann formen sie und ihr Mann Ludwig die Laibe und Wecken und Ludwig Derleder rührt per Hand zwölf Kilo Mehl, Gewürze, Wasser für die Vollkornbrote zusammen. Derweil backen die Roggenbrote im Elektroofen und wenn der Holzofen gegen sechzehn Uhr heiß genug ist, können Derleders die erste Runde Bauernbrot in den Holzofen schieben. Oder »einschießen«, wie Maria Derleder sagt und wie es im Bäckereijargon heißt. Bis zwanzig Uhr wird gebacken, dann wird der Dinkel für das Dinkel-Sesam-Brot eingeweicht, die Metzgerei *Frey* aus Seeshaupt holt die ersten Brote für den Verkauf ab und bei Derleders kommt frisches Ciabatta auf den Tisch.

Am Freitag früh um vier geht es weiter. Holzofen anschüren, Dinkel-Sesam in die Formen füllen, die zweite Ladung Bauernbrot in den Holzofen einschießen, in den Elektroofen vierzig Vinschgerl, acht Nusszöpfe, zwanzig Hefezöpfe. Zweite Runde Brot ausfahren zu *Feinkost Baumgartner* in Icking, zur *Metzgerei Geiger* in Wolfratshausen und das fürs *Café Waldhauser* in Holzhausen beiseitelegen.

Am Freitag in der Früh kommt Ingrid Holzapfel vom *Öttlhof* nebenan und bringt ihren Bergkäse und den Bärlauchkäse, den eine mobile Käserei aus ihrer Milch herstellt. Es kommt Anneliese Holzer vom *Ludwehof* aus Degerndorf mit ihrer Bioheumilch, dem Bioheumilchtopfen und -joghurt. Die Regale im Laden füllen sich, um acht Uhr wird aufgesperrt.

Alles, was es im Hofladen von Maria Derleder gibt, kommt von Landwirten aus der Umgebung: Ziegenkäse vom Bio-Ziegenhof *Goassbauer* in Eurasburg, Käse vom *Käseglück* in Wielenbach, Müsli, Hanf und Honig vom *Kernzlhof* aus Bolzwang, die Haselnusscreme ohne Palmfett aus Moosinning, wo es eine Haselnussplantage gibt. In der Kühltheke stehen Gulasch und Leberkäse im Glas von der *Metzgerei Frey*, Gockelfrikassee, Gockel-Bolognese oder Gockel-Chili-con-Carne vom *Geflügelhof Schubert* aus Igensdorf, der

HOFBÄCKEREI DERLEDER
Angerbreite 39 • 82541 Degerndorf • Tel.: 08171/17229
www.hofbäckerei-derleder.de • Öffnungszeiten Fr 8–19 Uhr
TIPP Auf dem Butzmohof gibt es auch eine Ferienwohnung für 1–2 Personen.

Mühlgasse 1 • 82404 Sindelsdorf
Telefon (0 88 56) 27 55 • Telefax (0 88 56) 831 61
Dinkel
Bio Roggen

Maria Derleders Tipp:

Zum Dorfweiher Degerndorf spazieren oder bei der Schlossgärtnerei Weidenkam (Weidenkam 1, 82541 Münsing) Gemüse einkaufen – sie hat ebenfalls nur am Freitag geöffnet, von 10–18 Uhr.

nach dem Bruderhahnprinzip wirtschaftet: Männliche Küken werden nicht geschreddert, sondern großgezogen und dann verarbeitet. Produkte vom Westufer des Starnberger Sees gibt es auch: Aus Bernried die Nudeln von Gabriele Schuller und die Tortillachips der Agraringenieure Barbara und Franz Eder, hergestellt aus alten Maissorten. »Das sind alles Produkte, die mit Liebe gemacht sind und hinter denen eine Idee steckt«, sagt Maria Derleder.

Das Brotbacken lernte sie von ihrer Freundin Anneliese Holzer. Zusammen mit ihr und einer weiteren Freundin eröffnete Maria Derleder im Jahr 1996 den *Bauernladen* in Geretsried. Im Angebot auch selbst gebackenes Bauernbrot und Vollkornbrot. »Früher hat man eigentlich auf jedem Hof gebacken«, erzählt Maria Derleder. Sie selbst ist zwar in Degerndorf aufgewachsen, nicht aber auf einem Hof. Doch als Kind hat sie immer gesagt: »Ich werde mal Bäuerin.« Nach der Schule lernte und arbeitete sie als Bankkauffrau – bis sie in den Butzmohof einheiratete. Jetzt konnte sie sich ihren zweiten Kindheitswunsch erfüllen: nämlich Esel zu haben. Mit den Jahren kamen auch noch ein Haflinger dazu, ein Shetlandpony, siebzig Hühner, Katzen, ein Hund – Tierpflegerin zu werden hätte sich Maria Derleder nämlich auch vorstellen können.

Bis zur Jahrtausendwende arbeitete Maria Derleder beim Geretsrieder Bauernladen mit, dann wurde die dritte Tochter geboren und Maria Derleder beschloss, das Brotbacken auf dem eigenen Hof weiterzuführen. Da traf es sich gut, dass Derleders 1999 ihr Milchvieh aufgaben, ein Naturlandhof wurden, der nach Biorichtlinien arbeitet, und jetzt Mutterkühe und ihre Kälber halten und einen Stier. Die zogen in einen Offenstall um, die ehemalige Milchkammer stand leer. Ideal, um hier eine kleine Backstube für die Hofbäckerei einzurichten. Wo einst die Milchmaschine und die Absauganlage waren, bauten Derleders einen Holzofen ein, daneben einen Elektrobackofen. Rührmaschine, Teigknetmaschine und eine Getreidemühle aus Holz kauften sie aus aufgelassenen Bäckereien. In der Getreidemühle mahlen sie ihr eigenes Getreide (je nach Fruchtfolge Roggen oder Dinkel), das übrige Mehl beziehen sie aus der *Off-Mühle* in Sindelsdorf. Fast zwanzig Jahre buk Maria Derleder auf den fünfzehn Quadratmetern ihre Brote und verkaufte sie aus der Backstube heraus, bis der ehemalige Kälberstall ein Hofladen wurde.

Brot, findet Maria Derleder, sollte ein Grundnahrungsmittel sein und kein überteuertes Lifestyleprodukt. »Ein gesundes, ursprüngliches, ehrliches Brot zu backen ist mir ein Anliegen.« Sie hat nach Rezepten gekramt, Neues ausprobiert, manches verworfen: Ein Vierteljahr hat sie am Ciabatta rumprobiert, bis es so wurde, wie sie es wollte. Brot aus dem Urgetreide Kamut ließ sie wieder sein: »Wir sind nicht zusammengekommen, Kamut und ich. Das ist nicht nach meinen Vorstellungen geworden.« Sie suchte Rezepte für Brote ohne Weizen und ohne Hefe. Allergikerfreundlich. Nicht, dass in ihrer Familie jemand eine Allergie hätte, aber man höre ja immer wieder, dass Leute dieses oder jenes nicht vertragen. Und dann braucht es für ein gutes Brot noch etwas: nämlich Zeit. »Brot backen«, sagt Maria Derleder, »kann man nicht schnell, schnell.« So diktiert eben das Brot den Wochenrhythmus.

Brot ist für Maria Derleder ein Grundnahrungsmittel. Ein halbes Dutzend Sorten verkauft sie jeden Freitag in ihrem Hofladen. Gebacken wird im Holzofen und im Elektroofen, nach einem genau ausgetüftelten Plan, damit alles rechtzeitig fertig ist.

Dinkel-Sesam-Brot

Ein Rezept in Anlehnung an Hildegard von Bingen. Maria Derleder entdeckte es, als sie auf der Suche nach Rezepten für Brote ohne Weizenmehl war, und wandelte es ab.

Zutaten

500 g frisch gemahlener Dinkel
500 g Dinkelmehl Typ 812
1 Hefewürfel
25 g Steinsalz
80 g Sesamsaat, ungeschält
1 EL gutes Öl, zum Beispiel Olivenöl
Sesamsaat zum Bestreuen

Zubereitung

Das frisch gemahlene Dinkelvollkornmehl mit einem halben Liter Wasser mit einem Kochlöffel vermengen und über Nacht zugedeckt stehen lassen.

Am nächsten Tag das Dinkelmehl Typ 812 in eine separate Rührschüssel geben, eine Kuhle hineindrücken und dort den Hefewürfel hineinbröseln. Die Hefe mit 200 ml warmem Wasser verrühren, fünfzehn Minuten gehen lassen.

Dann Steinsalz, Sesamsaat, Öl und den Vorteig zugeben und mit dem Knethaken zu einem mittelfesten Teig verarbeiten. Den Teig in zwei kastenförmige Brotbackformen (25 cm) umfüllen, mit Sesam bestreuen und mit Wasser glattstreichen, damit die Sesamkörner besser halten.

Herd auf 190 °C vorheizen.

Den Teig noch einmal etwa eine halbe Stunde gehen lassen und bei 190 °C Ober- und Unterhitze eine gute Stunde backen.

Fischerei Kirner

Katrin Kirner fischt gern allein

Nur sie, der See und die Fische, so ist es Katrin Kirner am liebsten. »Im Winter zum Beispiel, wenn die Sonne scheint, der See am Ufer leicht vereist ist und das Wasser so dampft, weil es wärmer ist als die Luft«, sagt sie, dann ist das ihre morgendliche Meditation. Katrin Kirner hält sich für eine Eigenbrötlerin. Vielleicht ist sie deshalb für den Beruf der Fischerin wie geschaffen.

Jeden Morgen fährt sie kurz vor Sonnenaufgang raus auf »ihren« Starnberger See und holt den Fang ein. Abends werden neue Netze ausgeworfen. Auf der Wasseroberfläche wogen dann blaue Plastikkanister wie Bojen in den Wellen. Überall dort, wo ihre Netze im Wasser treiben. An bis zu zehn Stellen auf einmal. Neben dem richtigen Standort braucht es auch Glück. An manchen Tagen gehen ihr 500 Renken ins Netz, an anderen nicht ein einziger Fisch. Die Renken sind der sogenannte Brotfisch des Starnberger Sees, also der meistgefangene.

Die Familie ihres Vaters hat die *Fischerei Kirner* 1860 gegründet und das Wohnhaus am Südufer, Hanglage, gebaut. Unten am See das Bootshaus und ein unverstellbarer Blick aufs Wasser. Großmütterlicherseits verkauften Katrin Kirners Vorfahren sogar schon um 1500 den Fang der Starnberger Fischerleute weiter. Fischerei ist ein Erbrecht: Das Fischereirecht, das die Genossenschaft verteilt, bleibt immer in einer Familie, jede Generation muss einen Fischermeister hervorbringen, der die Aufgabe übernimmt. Sonst verfällt es.

Nach dem Tod der Großeltern musste 1998 jemand aus der Familie das Fischereirecht übernehmen. Beide Eltern waren im Hauptberuf Lehrer – fischen ging Hans Kirner, Katrins Vater, nur in den Ferien: oft mit Katrin an Bord. »Sehr zu seinem Leidwesen ab und zu«, sagt sie heute und lacht, »weil ich geschnattert habe – ununterbrochen.« Trotzdem lernte sie alles, indem sie ihm zusah. Den erforderlichen Meister machte damals Katrin Kirners Mutter Gisela, die eigentlich eine Mathelehrerin aus München war und: allergisch gegen Fisch. Bei ihr hat Katrin Kirner dann nach dem Abitur

FISCHEREI KIRNER

Hauptstraße 29 • 82402 Seeshaupt • Tel.: 08801/1204 • www.kirner-seeshaupt.de
Öffnungszeiten: Juni–September, Di–Fr 9.30–18 Uhr, Sa 9.30–12.30 Uhr,
Oktober–Mai, Do & Fr 9.30–18 Uhr, Sa 9.30–12.30 Uhr • Instagram: @fischerei_kirner
TIPP Bei der Fischerei Kirner gibt es auch eine Ferienwohnung mit Seeblick.

NAPAPIJRI
geographic
GRUNDÉNS
HERKULES

auch ihre Lehre gemacht. Das Landschaftsarchitekturstudium, das sie anfing, war nichts für sie. Jeden Tag mit der Mutter rausfahren, Lehrbetrieb und Familie gleichzeitig – das hätte schwierig werden können. Aber: »Viel schlimmer waren die Mathehausaufgaben mit meiner Mutter«, sagt Katrin Kirner.

Es wäre das Ende für die Fischerei gewesen, hätte Katrin Kirner als einziges Kind sich nicht dafür entschieden. Als ihr Vater 2007 einen Schlaganfall bekam, war klar, dass sie, damals 25 Jahre alt, das Fischereirecht und damit den kompletten Betrieb übernimmt.

Mit Mitte zwanzig war es ihr noch peinlich über ihren Beruf zu sprechen. Die Menschen würden sich zu sehr vor Fischen ekeln. Aber irgendwann merkte sie, wie positiv es die Leute aufnahmen. »Also die Männer fanden es immer toll«, sagt sie scherzhaft. Kirner ist eine von wenigen Frauen, die diesen Beruf überhaupt ausüben. In ihrer Lehrklasse gab es gerade mal eine weitere. Nun gehört sie zu den 34 Fischern, die im Starnberger See fangen. Es ist eine Gemeinschaft, man trifft sich ab und zu auf dem Wasser, mit zwei Kollegen hat sie einen jährlichen Wettbewerb, wer am meisten fängt.

Fischerei heißt auch das Gleichgewicht in der Natur zu halten. »Wir sind ja zur Hege und Pflege verpflichtet«, sagt Katrin Kirner. Dazu gehöre auch die Nachzucht. Deshalb fischt sie einmal im Jahr die Renken nur wegen ihrer Eier (die dann in Genossenschaftseinrichtungen ausgebrütet werden) und lässt den Nachwuchs im Frühjahr wieder entlang des Sees frei. Drei bis vier Jahre dürfen die Renken dann durch das Wasser schwimmen, bis sie gefischt werden. »Unsere Fische haben's gut«, sagt Kirner, »sie leben natürlich.« Das sei das Gegenteil von Massentierhaltung, auch in der Fischerei.

Katrin Kirner hatte die Wahl: Entweder sie übernimmt den Familienbetrieb oder das knapp 150 Jahre alte Fischereirecht verfällt für immer. Sie entschied sich für ein Leben auf dem See. Ihr Fang landet im eigenen Laden am Hang über dem Bootshaus.

Den Hofladen eröffneten ihre Eltern erst im Jahr 2000: Davor gab es nur einen kleinen Straßenverkauf. Oder besser: einen im Hausflur. »Türe auf, dann ist man die Treppe hoch und da waren dann die geräucherten Fische«, erzählt Katrin Kirner. Inzwischen führen einige Steinstufen von der Hauptstraße hinunter zu dem kleinen Verkaufsraum. Die Kunden müssen erst einmal beim Wohnhaus klingeln, dann kommen Katrin oder ihre Mutter Gisela in den Laden.

Katrin Kirner verkauft ihre Fische im Hofladen und an Gastronomen aus der Region. Leute hier aus der Gegend wollten selten die Forellen und Saiblinge, die sie von Züchtern zukauft. Sie wollen die Renke, den Hecht, den Aal, der aus dem Wasser kommt, das nicht einmal hundert Meter Luftlinie von dem Laden entfernt ans Ufer schwappt. Alle Fische gibt es bei ihr auch geräuchert. Ihre Mutter bereitet alles im eigenen Räucherofen zu, direkt am Bootshaus. Irgendwann kamen noch Salate und Aufstriche hinzu. Katrin Kirner selbst ist der Zander am liebsten. Der, bei dem man den kleinen Glücksmoment verspürt, wenn der edle Fisch mit seinen zwei Kämmen plötzlich im Netz hängt. Dann ist sie stolz. So, wie wenn sie einen besonders großen Fisch fängt. Anglerlatein, das gäbe es bei ihnen am Starnberger See nicht, nur Fakten. Fakt ist also: Vor ein paar Jahren zog sie mit Kollegen mal einen Waller aus dem See – fast fünfzig Kilo schwer und zwei Meter sieben lang. Davon gibt es auch Beweisfotos. *(Text: MW)*

Katrin Kirners Tipp:

Beim *Buchscharner Seewirt* in Münsing (Buchscharnstraße 1, 82541 Münsing) kann man Katrin Kirners Renken auch warm zubereitet genießen. Die Fischerin fährt dazu nur einmal über den See.

Renkenmatjes-Salat mit Radieschen und Apfel

Ein frischer Salat, den Katrin Kirner aus ihrem »Brotfisch«, der Renke, zubereitet. Der originale Matjes wird aus Hering gemacht, doch sie hat sich ihre Starnberger-See-Version erdacht.

Zutaten für 4 Personen

8 Renkenmatjesfilets (diese nach Matjesart eingelegten Filets gibt es bei der Fischerei Kirner)
1 Bund Radieschen
1 Apfel
2 Gewürzgurken aus dem Glas
150 g Joghurt
150 g Sauerrahm
150 g Crème Fraîche
2 EL Weißweinessig
2 EL Schnittlauchröllchen
1 Prise Salz
1 Prise Pfeffer
1 Prise Zucker

Zubereitung

Renkenmatjesfilets in fingerbreite Streifen schneiden (alternativ kann man auch die ganzen Filets verwenden).

Radieschen waschen, putzen und in dünne Scheiben schneiden. Apfel schälen, vierteln, Kerngehäuse entfernen und dann in dünne Scheiben schneiden. Gurken würfeln.

Dann Joghurt, Sauerrahm, Crème Fraîche und Essig miteinander verrühren.

Renkenmatjes, Radieschen, Apfel, Gurken und in kleine Röllchen gehackten Schnittlauch gut mit der Joghurtmasse mischen (wenn man ganze Renkenmatjesfilets verwendet: alles andere mischen und diese daneben auf dem Teller drapieren).

Mit Salz, Pfeffer und Zucker abschmecken.

Den Salat mindestens eine Stunde im Kühlschrank ziehen lassen.

Dazu schmecken Salzkartoffeln, Bratkartoffeln oder Brot.

Naturküche Wieshof

Elisabeth Doll bewahrt Gemüsesorten vor dem Vergessenwerden

Elisabeth Doll arbeitet gegen das Vergessen. Sie forscht nach jahrhundertealten Kräuter- und Gemüsepflanzen, sie freut sich, wenn sie alte Rezepte entdeckt und ausprobieren kann. So wie das für den Vier-Räuber-Essig, der Pflanzen enthält, die desinfizierend wirken; eingesetzt einst als Mittel gegen die Pest. Oder das Rezept für Johanninüsse, grün geerntete Walnüsse, schmackhaft zu Süßspeisen und dunklem Fleisch.

Ihre Passion hat sich über die Jahre entwickelt. »Wenn man jung ist«, sagt Doll, »weiß man nicht wirklich, was man werden und ein Leben lang machen will.« Aufgewachsen auf einem Bauernhof in Magnetsried bei Seeshaupt machte Doll nach der Schule eine Hauswirtschaftslehre in Wolfratshausen. Anschließend studierte sie das Fach anderthalb Jahre in Weilheim im Amt für Ernährung, Landwirtschaft und Forsten und arbeitete in einem Privathaushalt als Hauswirtschafterin. Sie heiratete, zog zu ihrem Mann auf den Wieshof und bekam vier Kinder. Sie baute Gemüse und Kräuter an und legte bald den ersten Garten an, einen Heilpflanzengarten. Dort wachsen Kräuter, die früher und heute in der Pflanzenheilkunde verwendet wurden und werden. »Darm« steht auf einem alten Spatenblatt, »Atemwege« auf einem anderen. Die Kräuter hat Elisabeth Doll nach der Wirkung auf die einzelnen Organe angepflanzt. Darmbeet, Leber-Galle-Beet, Nerven-Psychebeet. Hautbeet, Herzbeet, Atemwege.

Die Seeshaupterin hat sich über die Jahre weitergebildet, ist Hauswirtschaftsmeisterin, qualifizierte Kräuterpädagogin, Gartenbäuerin, Referentin für Hauswirtschaft und Ernährung und bildet mittlerweile selbst Lehrlinge in Hauswirtschaft aus. Sie bot Kräuterwanderungen an und Kurse im Outdoor-Cooking. Aber da musste das Wetter mitspielen. Um unabhängiger zu sein, bauten Dolls im Jahr 2010 die Scheune aus, ein Seminarraum ist entstanden, in dem Elisabeth Doll jetzt Kurse abhält wie »Hausapotheke«, »Einmachen« oder »Geschenke aus der Küche«, wo sie für Geburtstagsfeiern kocht, Essige und Liköre in großen Ton- und Glasgefäßen ansetzt.

Kräuter, Gemüse, Beeren, Früchte – alles, was die Natur gibt, wird verarbeitet. Zu Blüten-

NATURKÜCHE WIESHOF

Wieshof 1 • 82362 Weilheim-Marnbach • Tel.: 0881/2342 • www.naturkueche-wieshof.de
Feste Öffnungszeiten gibt es nicht, einfach vorbeikommen.

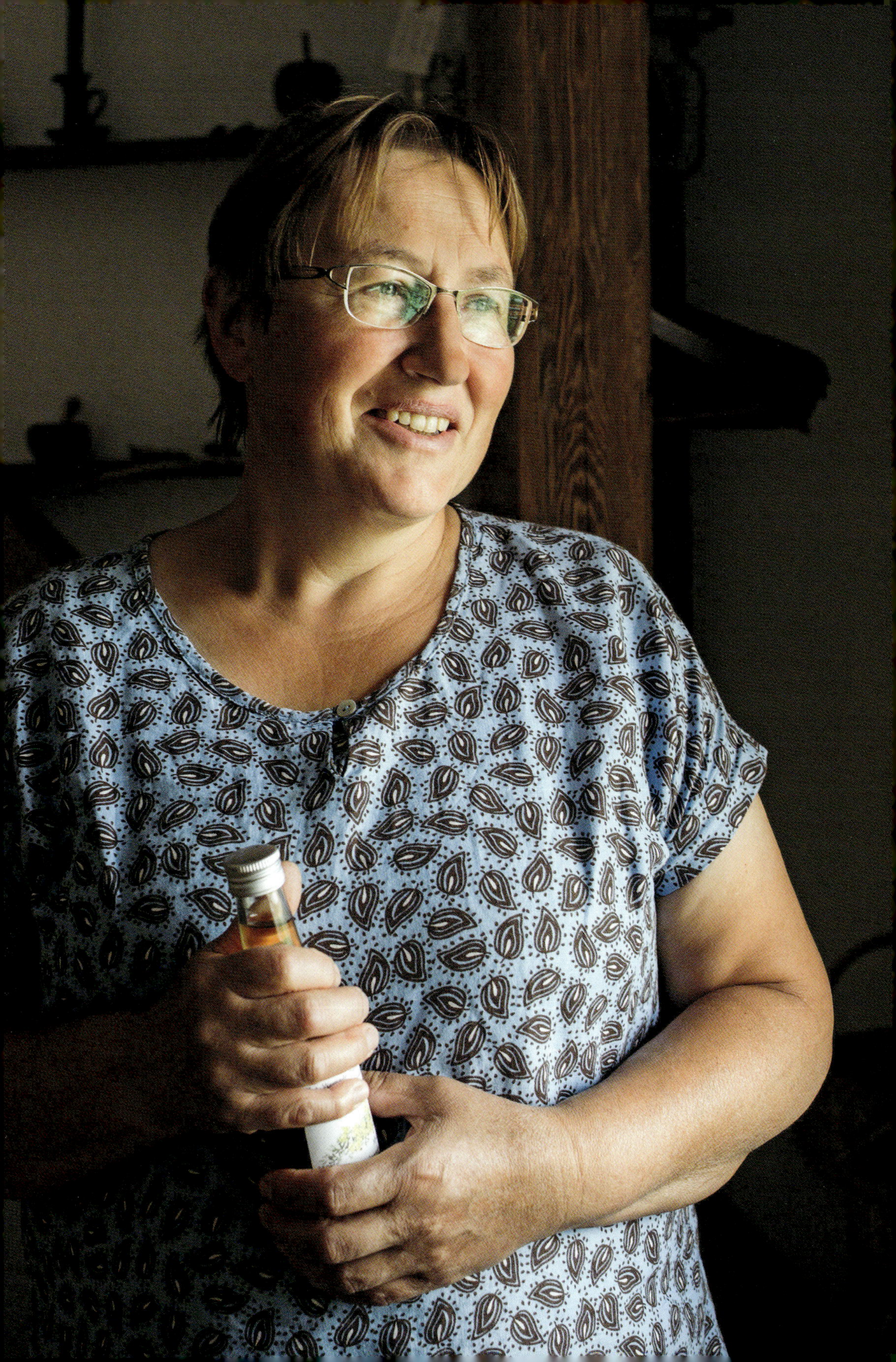

Elisabeth Dolls Tipp:

Den Schaugarten in Seeshaupt (Bahnhofstraße 40, 82402 Seeshaupt) besuchen.

salz, Wildkräutersalz, Magenschmeichlersalz. Zu Bergholunderlikör, Griachallikör, Quittenlikör. Zu Fliedersirup, Fichtenspitzensirup, Rosensirup. Zu Rosengelee, Löwenzahngelee. Für den Eigenbedarf, für den Verkauf, für Büfetts und zur Bewirtung von Gästen. Hydrolat, ein Blütenwasser, das nach dem Destillieren von Blüten übrig bleibt, verwendet sie für Duft- und Raumsprays oder verarbeitet es zu Seifen, verfeinert mit Blüten und Gewürzen.

Hunderte Flaschen Essig, Öle und Liköre stellt Elisabeth Doll pro Jahr her. Ihre Produkte wechseln, denn jedes Jahr hat die Naturküche Wieshof einen anderen Schwerpunkt: »Essbare Blüten«. »Hülsenfrüchte«. »Wurzelgemüse«. Im Winter wird genäht: (Dinkel-)Hopfenkissen, Gartenschürzen, Tischtuchbeschwerer – kleine Säckchen mit Hülsenfrüchten gefüllt. Die Kräuterpädagogin färbt Seidenbänder mit Naturfarben und arbeitet kleine Ketten daraus, fertigt Holzknöpfe aus Buchs oder Obsthölzern.

Weil sich Elisabeth Doll für Geschichte interessiert, dachte sie darüber nach, wo die Gartenkultur eigentlich ihren Ursprung hat. »Da landet man bei Karl dem Großen, der als Begründer der Gartenkultur gilt und eine Landgüteverordnung geschrieben hat.« Diese Verordnung gilt als ältestes schriftliches Dokument zur Gartenkultur. Fein säuberlich listet Karl der Große damals gebräuchliche Heil- und Gewürzkräuter, Gemüsepflanzen und Obstbäume auf. Und weil Elisabeth Doll immer schon alte Gemüsesorten angebaut hat, war es kein großer Schritt zur Idee, einen ganzen Garten nach altem, historischem Vorbild anzulegen.

Als ihr der Zufall 2016 einen Gartenbaustudenten ins Haus brachte, konnte sie ihn dafür begeistern, zusammen mit ihr so einen Karlsgarten anzulegen. Eingezäunt von geflochtenen Haselruten wachsen jetzt im Beet »Kleidung« Lein und Färbepflanzen wie Krappwurzel, Reseda oder die Weberkarde, die einst zum Kardieren von Wolle benutzt wurde. Im Beet »Frauenkräuter« gedeihen Bärwurz und Sadebaum (Stinkwacholder), im Beet »Kosmetik« Senf und Rosmarin. Sogar der Giftlattich vermehrt sich prächtig: Dabei war Doll skeptisch, ob sie diese winzigen Pflänzchen, die einst als Opiumersatz dienten und die sie nach langer Recherche bei einer Gärtnerei in Frankreich aufgetrieben hatte, groß bekommen würde.

Seit dem Jahr 2020 gibt es einen zweiten historischen Garten – angelegt nach den Aufzeichnungen von Walahfrid Strabo, einem Abt, der auf der Insel Reichenau im Bodensee lebte. Wildkräuter, Gemüse- und Heilpflanzen, die er dort zog, hatte er in einem Gedicht beschrieben. Ein meditativer Ort mit zwei Sitzplätzen am Rand. Die Gärten sind öffentlich zugänglich, immer wieder bietet Elisabeth Doll auch Führungen durch die etwa siebzig und vierzig Quadratmeter großen Gärten an. Im Sommer besichtigen Gartenbauvereine diese gern.

Für die historischen Gärten typisch sind Pflanzen, die nicht weiter veredelt wurden. Sie sind weniger für Krankheiten anfällig und stecken Hitze und Wind besser weg. Steckrüben, weiße und gelbe Gurken, Haferwurzel, der Urspinat *guter Heinrich*. Alte Sorten, »die aber eine Bereicherung für den Speiseplan sind. Wenn sie keiner mehr anbaut, werden sie vergessen. Man hat doch eine Verantwortung dafür, das eigene Kulturgut zu bewahren«, sagt Doll. Jedes Jahr nimmt sie die Samen ihrer alten Sorten, gibt sie weiter und sät sie selbst aus. Damit sie weiterleben.

Jedes Jahr steht bei Elisabeth Doll unter einem anderen Motto: mal »Essbare Blüten«, mal »Hülsenfrüchte«. Deshalb gibt es in ihrem Laden immer andere Produkte. Auf ihrem Hof hat sie drei historische Gärten angelegt, die man besichtigen kann.

Löwenzahnblüten-Chutney

Elisabeth Dolls Lieblingsrezept aus dem Schwerpunktjahr 2020 *Essbare Blüten*: »Das gibt es sonst nirgends.«

Zutaten für etwa 10 Gläser

500 g Löwenzahnblüten
200 g Rhabarber, geschält
200 g Birnen
200 g getrocknete Aprikosen
250 g Zwiebeln
2 rote Paprikaschoten
200 g Rosinen, gewaschen
100 g Ingwer, in feine Würfel geschnitten
25 g Korianderkörner, grob gemörsert
150 ml Essig
10 g Salz
1 Prise gemahlener Pfeffer
300 g Rohrohrzucker
200 ml Apfelsaft mit 1 TL Stärkemehl angedickt

Zubereitung

Die Löwenzahnblüten kurz blanchieren und die Hälfte der Blüten fein hacken.

Rhabarber, Birnen, Aprikosen, Zwiebeln und die Paprikaschoten in feine Würfel (Kantenlänge 3 mm) schneiden. Die Löwenzahnblüten und alle anderen Zutaten dazugeben, gut verrühren und zwei Tage an einem kühlen Ort durchziehen lassen. Dabei jeden Tag gut durchrühren!

Dann die Mischung unter ständigem Rühren etwa 25 Minuten dickflüssig einkochen: Erst bei hoher Temperatur zum Kochen bringen und dann auf mittlere Temperatur zurückschalten. Das Chutney heiß in saubere Twist-off-Gläser füllen und bei 90 °C dreißig Minuten im Einkochtopf oder im Backofen nach Gebrauchsanweisung sterilisieren.

Etwa zwei Wochen durchziehen lassen, dann entfaltet sich der Geschmack besser. Das Chutney hält mindestens ein Jahr. Es passt ausgezeichnet zu Käse oder zu kaltem Braten.

Tipp

Aus Löwenzahnknospen lassen sich »falsche Kapern« zubereiten: Wenn Sie Löwenzahnblüten sammeln, dann ernten Sie in einem zweiten Korb die Löwenzahnknospen. Diese drei Tage in Salz einlegen, das Gefäß abdecken. Danach gut wässern, damit das Salz herausgespült wird, und am besten über Nacht trocknen. Jetzt die Knospen zusammen mit Olivenöl in ein Schraubglas geben. Eignet sich hervorragend zum Anbraten von Gemüse oder Pilzen. Die Knospen sind mindestens ein Jahr haltbar.

Vier-Räuber-Essig

Zutaten für Vier-Räuber-Essig

1 Zweig Weinraute
1 Triebspitze Salbei
1 Zweig Rosmarin
2 Zweige Thymian
1 Zweig Pfefferminze
3 Wacholderbeeren
1 TL Lavendelblüten
½ Knoblauchzehe
250 ml Weißweinessig

Zubereitung

Kräuter waschen und trocken tupfen. Anschließend die Kräuter und den Knoblauch in eine Flasche geben und mit Weißweinessig übergießen. Nach zwei Wochen ist der Essig aromatisiert.

Er hält sich etwa zwei Jahre.

Hochzeit

Paul's Schokolädchen

Paul Wanglers Gespür für Schokolade

Der Blick in den Augen, wenn Menschen Schokolade sehen, das Strahlen, ist bei allen gleich. Bei Erwachsenen und bei Kindern. Und Paul Wangler strahlt, wenn er den Menschen in seinem *Schokolädchen* diesen Blick entlocken kann. Seit 2004 ist er mit seinen Schokoladenkreationen selbstständig, anfangs noch mit Partnerin in Puchheim, dann kam die Produktion in Pöcking dazu. Seit 2016 hat er nur noch den kleinen Laden in Pöcking. Nach Jahrzehnten als Koch und Konditor war es die Schokolade, die ihn nicht losgelassen hat.

»Ich muss gefordert werden, also fordere ich mich meistens selbst«, sagt Paul Wangler. Deshalb kreiert er hier jeden Tag neue Genüsse. Sei es das saure Yuzu-Fruchtmark, das er in seinen neuen Sommerpralinen verarbeitet, oder der Kakaocrunch, den er aus gerösteten Kakaobohnen herstellt. In seiner Theke liegen bis zu dreißig verschiedene Sorten Pralinen: Cassis-Vanille, Nougat-Krokant, Erdnuss-Karamell.

Acht bis zehn Versuche braucht es meistens, bis das Rezept fertig ist. Alle Rezepturen entwickelt er selbst. Wenn es gut läuft, kommt es in einen der zwei Ordner, in denen Paul Wangler seine Standards abheftet. Am liebsten mag er im Moment die Sahne-Trüffel mit siebzigprozentiger Valrhona-Schokolade aus Frankreich, die zart ist und herb zugleich.

Als Zwölfjähriger entdeckt Paul Wangler seine Leidenschaft für das süße Handwerk. Aus seinem Heimatdorf im Schwarzwald fährt er damals mit einem Spezl in das große Freiburg, den Onkel des Freundes besuchen. Ein Schritt in die Backstube der Konditorei des Onkels und es war um ihn geschehen. »Da war Trubel drinnen, es war nirgendwo schläfrig«, sagt Paul Wangler. Der zwölfjährige Paul stand damals mittendrin, der Meister ging von Torte zu Torte, bellte den Burschen Befehle zu und legte letzte Hand an die Garnierung. Paul entscheidet: Das ist genau das, was ich will. Zwei Jahre später fängt er seine Ausbildung an.

Diesen Blick in die Backstube, der ihn so fasziniert hat, will er auch seinen Kunden gönnen. Im *Schokolädchen* gibt es keine Wände, zwischen Verkaufstheke und Regalen linst man

PAUL'S SCHOKOLÄDCHEN

Lindenberg 10 • 82343 Pöcking • Tel.: 08157/99 60 80 • www.paulsschokolaedchen.de
Öffnungszeiten: Mi–Fr etwa 10–16 Uhr, Sa 8–13 Uhr oder nach Vereinbarung
Pralinenkurse ab vier Personen: Preis und Termin auf Anfrage

direkt in die Küche, sieht die geschmolzene Schokolade durch die Überziehmaschine gleiten, die Schüsseln voller Kakaoplättchen, die auf den nächsten Auftrag warten. Diesen einen Traum hätte Paul Wangler noch: Wenn er einmal einen Laden finden würde, in dem die Arbeitsfläche mittendrin stehen kann. Dazu holzvertäfelte Wände, ein warmer Charme, so wie im Film *Chocolat*.

Für Paul Wangler ist die Schokolade auch immer ein Gefühl. Im Herzen. Und im kleinen Finger. Mit der empfindlichen Fingerkuppe testet er seine Schokolade, bevor er die Pralinen damit überzieht. Die Temperatur ist wichtig. »Sind das 30 oder 33 Grad? Das muss ich wissen«, sagt Paul Wangler. Nur dann glänzt alles richtig. Seine Erfahrung und sein Gespür geben ihm meistens recht.

Das Gespür für alles Essbare hatte er schon als kleiner Junge auf dem Selbstversorgerhof seiner Eltern. »Mein Bruder ist von der Schule heim und gleich aufs Feld – ich bin in die Küche«, erzählt Paul Wangler. Deshalb hat er nach der Konditorenlehre auch noch eine als Koch gemacht. Mit zwanzig hatte er zwei Berufe. Und er ging auf Wanderschaft: Frankreich, die USA, in Sterneküchen wie die des *Schlosshotel Friedrichsruhe* im badischen Zweiflingen. »Da habe ich die Feinheit gelernt«, sagt Paul Wangler. Nachdem er sich bei Motorradtouren in die Landschaft verliebt hatte, zog es ihn nach Bayern. Hunderte Essen stellte er im Ausflugslokal am Hintersee jeden Tag auf den Tisch. Als seine Kinder auf die Welt kamen, wollte er nicht mehr bis in die Morgenstunden kochen. Also machte er seinen Konditormeister und ging in München zur *Confiserie Café Macher*. 25 Jahre lang, mit dreißig Konditoren unter sich. Jetzt leitet er nur noch die

Sein Wissen und seine Leidenschaft gibt Paul Wangler in Pralinenkursen weiter. Besonders am Herzen liegen ihm die begeisterten Kinder. Und seine eigenen Kreationen. Zum Beispiel, wenn er sich an zuckersüßen High Heels aus Schokolade austobt.

Menschen an, die bei ihm einen Pralinenkurs machen. Die bietet Paul Wangler für Erwachsene und für Kinder an.

Im *Café Macher* hat ihm irgendwann die Kreativität gefehlt. Jahrelang spielte er mit der Idee, eine eigene Gastronomie aufzumachen. Als der Betrieb schließt, entscheidet sich Paul Wangler für die Schokolade. Die Maschinen für sein *Schokolädchen* hat er sich gebraucht zusammengekauft, einiges an Geld geliehen. Die Bank war von dem Mittfünfziger mit dem Traum vom eigenen Laden nicht überzeugt, Paul Wangler schon. »Du musst dich halt dahinterklemmen«, sagt er, »und nicht warten, bis dir irgendjemand hilft.«

Es hat funktioniert. Paul Wangler hat seinen Laden und seine Freiheit. Seine Kunden kommen immer wieder. Von dem Ehepaar, das sich jede Woche eine Mischung seiner Pralinen bestellt – immer eine für mittags und eine für abends – bis zu Brautpaaren, die sich eine Kutsche aus Schokolade für ihre Hochzeitstorte wünschen. Oder sie kommen für Paul Wanglers eigene Ideen. Dann stöbert er durch seine Kisten voller Förmchen und Pralinenbretter. Bastelt kleine Marzipanfüßchen an Schokoladenklaviere, druckt Fotos auf Zuckerpapier oder kreiert Gastgeschenke, die die Kunden auf Partys mitbringen können: Whiskyflaschen, Schuhe, faustgroße Kakaofruchtschiffchen, alles aus Schokolade.

Eigentlich könnte Paul Wangler, Jahrgang 1950, längst in Rente gehen, will er aber nicht. Er will weiter jeden Morgen um vier Uhr aufstehen, ein bisschen Gartenarbeit, dann zieht es ihn in sein Lädchen und er denkt sich neue süße Kreationen aus. In zehn Jahren will Wangler immer noch hier stehen: »Es gibt für mich keinen Endpunkt. Sondern immer noch weiter, weiter, weiter.« *(Text: MW)*

Paul Wanglers Tipp:

Durch das Landschaftsschutzgebiet Maisinger Schlucht wandern. Startpunkt ist der Wanderparkplatz Maisinger Schlucht (Ortsstraße 2, 82343 Pöcking).

Buttertrüffel

Dieses selbst entwickelte Rezept hat Paul Wangler etwa zehnmal verändert, damit es perfekt für Pralinen-Neulinge ist. Ihm ist wichtig, dass auch jeder ohne professionelle Pâtisserie-Ausstattung wirklich gute Pralinen machen kann.

Zutaten für etwa 75 Stück

150 g Sahne (33 Prozent Fettgehalt)
60 g Puderzucker
1 Vanilleschote (Mark)
1 Prise Salz
200 g Zartbitter-schokolade, gehackt
250 g Vollmilchschokolade, gehackt
250 g Butter

Zum Tauchen

250 g geschmolzene Zartbitterschokolade
200 g Kakao

Zubereitung

Sahne mit Puderzucker, dem Mark der Vanilleschote und Salz aufkochen lassen.

Die gehackte Schokolade der heißen Sahne-Masse beigeben und durch behutsames Rühren mit einem Holzspatel darin auflösen.

Butter leicht schaumig schlagen, nach und nach in die Schokomasse geben und mit dem Holzspatel unterrühren.

Ein Blech oder Tablett mit Backpapier auslegen.

Die Schokocreme in eine Spritztüte (Dressierbeutel) mit einer Lochtülle (Durchmesser 10 mm) füllen und auf das Backpapier gleichmäßige Stränge spritzen (dressieren) und antrocknen lassen.

Die Trüffelstränge nach dem Erkalten mit einem Küchenmesser in 3 cm lange Stücke schneiden.

Anschließend die Pralinenkörper mit einer Pralinengabel (oder einer normalen Gabel) in geschmolzene Zartbitterschokolade tauchen. Dann vorsichtig in eine mit Kakao gefüllte Schale legen und mit der Gabel quer im Kakao rollen, damit sich eine schöne Struktur ergibt.

Die Pralinen mit der Pralinengabel aus dem Kakaopuder nehmen und in ein Sieb legen. Darin mit einem Pinsel leicht abstauben.

Noch mehr Begegnungen

HOFLÄDEN

Ammersee

Biohof Scheitz
Tannhof 1, 82346 Andechs
www.biohof-scheitz.de
Telefon: 08152/8961
Große Auswahl von Molkereiprodukten. Aus Kuhmilch und auch aus Ziegenmilch.

Kleine Seen

Anitas Hofladen
Hauptstraße 47, 82237 Wörthsee
www.anitas-hofladen.de
Telefon: 08153/7978
Hofladen und Verkaufsautomat. Im Laden gibt es Eier, Nudeln, Wildprodukte; im Verkaufsautomat Eier, Honig und Wurstprodukte.

Biohof Grenzebach
Weßlinger Str. 18, 82234 Weßling
www.biohof-grenzebach.de
Telefon: 08153/4413
Der Milchautomat ist rund um die Uhr geöffnet, Flaschen gibt es vor Ort. Zum Hof gehört auch ein Seminarraum, den man mieten kann.

Hofladen Wastian
Auweg 10, 82234 Oberpfaffenhofen
Telefon: 08153/2272
Quark, eingelegter Käse nach Feta-Art, Eier, Kartoffeln, Nudeln, Honig, Marmeladen und Dinkelmehl aus eigener Herstellung. Mittwochnachmittag auf dem Markt in Weßling auch Kuchen.

Konradhof
Hochstadter Straße 14, 82229 Seefeld (Unering)
www.konradhof-unering.de
Telefon: 08153/4003792
Biometzgerei mit eigener Bio-Schafzucht, eigenes Gemüse.

Tante Sche
Mühlbachstr. 24, 82229 Seefeld
Telefon: 08152/9886440
www.tante-sche.de
Vor allem saisonales Gemüse, Obst und Kräuter. Besonders beliebt: die Zucchini-Paprika-Salsa und der Fichtennadel-Sirup.

Starnberger See

Bernrieder Hofladen
Tutzinger Straße 12 d, 82347 Bernried
Telefon: 08158/9048777
www.bernrieder-hofladen.de
Hofladen im Schlossgut Bernried, Spezialität sind die hausgemachten Nudeln.

Heiß Hof
Monatshausen 16, 82327 Tutzing
Telefon: 08158/999777
Spezialität: selbst gemachtes Eis. Zusätzlich zum Laden Verkaufsautomat mit Eiern, Wurstgläsern, Honig, Milch, Käse, Joghurt und Quark.

Hofladen Doll Fleischeslust
Garatshauser Str. 1, 82327 Tutzing
Telefon: 08157/609516
www.hofladen-doll.de
Fleisch und Wurst von den hofeigenen Ochsen, außerdem Lebensmittel von Partnerbetrieben.

Loth Hof Laden
Biberweg 1, 82541 Münsing
Telefon: 08177/87 83
www.lothhofladen.de
Eier von den eigenen Hühnern, regionales Gemüse, Kräuter und Salate von der Loth Hof Gärtnerei.

MANUFAKTUREN

Ammersee

Claudia Rinneberg
Werkstatt: Propst-Herkulan-Karg-Straße 24 a
86911 Dießen am Ammersee
Laden: Herrenstraße 5
86911 Dießen am Ammersee
Showroom: Marktplatz 3
86911 Dießen am Ammersee
Telefon: 0160/185 54 52
www.rinneberg-gestalt.de
Möbel, Schmuck und Unikate im Vintage- und Industrialstyle.

Glasatelier Westphal
Hans-Jürgen Westphal
Brunnenstraße 38
86938 Schondorf am Ammersee
www.glasatelier-westphal.de
Telefon: 08192/998 36 61
Glaskunst und Gebrauchsgegenstände: Gläser, Schalen, Glasbilder, Stelen und Schmuck. Geblasen, gegossen und geschmolzen.

Papierwerkstatt Alexandra von Schönburg
Gut Hartschimmel, 82396 Pähl
www.papierundstoffe.de
Telefon: 08808/740
Mit Stoff bezogene Schachteln, Bücher und Mappen. Dazu allerlei Schönes aus Papier.

Vetus Lignum
Küchenbretter vom Ammersee
Herrenstraße 5, 86911 Dießen
Telefon: 0170/203 38 46
www.vetuslignum.de
Schneidebretter, Brotzeitbretter, Servierbretter, Küchenbretter aus Eiche, Buche, Kirsche, Wildkirsche, Esche, Ulme. Alle Hölzer wurden mindestens zehn Jahre gelagert.

Kleine Seen

Hut Geske – Hutwerkstätten
Hochstadterstr. 10, 82229 Seefeld / Unering
Telefon: 08153/20 04
www.hut-geske.de
Große Auswahl an handgefertigten Hüten für Frauen und Männer: vom Trachtenhut über den Sonnenhut bis zum kleinen Pillbox-Hut für die Abendgala. Auch Reparaturen.

Starnberger See

Gregory Prade
Kirchbergstraße 11, 82541 Münsing
www.gregory-prade.de
Telefon: 08177/99 78 87
Lichtmanufaktur: Prade entwickelt und produziert Leuchten und künstlerische Lichtobjekte.

Sanne Berner
Kirchplatz 4, 82319 Starnberg
www.scan-classic.com
Telefon: 0173/574 83 00
Maßgeschneiderte Ledertaschen, Handyhüllen, alle aus hochwertigen Lederresten. Nachhaltigkeit ist Sanne Berner besonders wichtig. Besuch in der Manufaktur nach Absprache. Verkauf im Schuhgeschäft Stoll, Zweigstraße 2, 82319 Starnberg.

SchmuckeWerkstatt
Alexandra Sichardt-Kohlpaintner
Am Hohenberg 7, 82335 Berg
www.schmuckewerkstatt.de
Telefon: 08151/750 10 21
Die Kunsthistorikerin und Goldschmiedin fertigt Gold- und Silberschmuck und bietet Schmuck- und kunsthistorische Kurse für Erwachsene und Kinder an.

Register

Orte und Personen

Rezepte

Impressum

Verantwortlich: Sabine Klingan
Lektorat: Eva Ebenhoch
Bildredaktion: Inka Recke
Umschlaggestaltung: Rudi Stix
Repro: LUDWIG:media
Kartografie: Katharina Haebler
Herstellung: Bettina Schippel
Printed in Slovenia by Florjancic

★★★★★

Sind Sie mit diesem Titel zufrieden? Dann würden wir uns über Ihre Weiterempfehlung freuen. Erzählen Sie es im Freundeskreis, berichten Sie Ihrem Buchhändler oder bewerten Sie bei Onlinekauf. Und wenn Sie Kritik, Korrekturen oder Aktualisierungen haben, freuen wir uns über Ihre Nachricht an J. Berg Verlag, Postfach 40 02 09, D-80702 München oder per E-Mail an lektorat@verlagshaus.de.

Unser komplettes Programm finden Sie unter www.j-berg-verlag.de

In diesem Buch wird aus Gründen der besseren Lesbarkeit das generische Maskulinum verwendet. Weibliche und anderweitige Geschlechteridentitäten werden dabei ausdrücklich mitgemeint, soweit es für die Aussage erforderlich ist.

Empfehlung der Redaktion
Sie sind auf der Suche nach weiterführender Literatur? Dann empfehlen wir Ihnen den Titel »Cafés und Ateliers im Fünfseenland« von Angelika Dietrich und Angelika Röder. Oder Sie werfen einen Blick in die Zeitschrift BERGSTEIGER. Hier werden Sie bestimmt fündig.

Textnachweis: Alle Texte im Innenteil stammen von Angelika Dietrich, bis auf die Texte auf den Seiten 55–58, 60–63, 138–142 und 151–154, diese sind von Marita Wehlus.

Bildnachweis: Alle Bilder im Innenteil und auf dem Umschlag stammen von Louisa Marie Summer, bis auf die Seiten 91–95 und 122–131, diese sind von Angelika Röder.

Umschlagvorderseite: Assenhauserhof (großes Bild, S. 106), Astrid Schröder (kleines Bild, S. 30)

Umschlagrückseite: Einmachküche Schweizerhof (S. 122)

Die Deutsche Nationalbibliothek verzeichnet diese Publikation in der Deutschen Nationalbibliografie; detaillierte bibliografische Daten sind im Internet über http://dnb.d-nb.de abrufbar.

ISBN 978-3-86246-740-2